U0445685

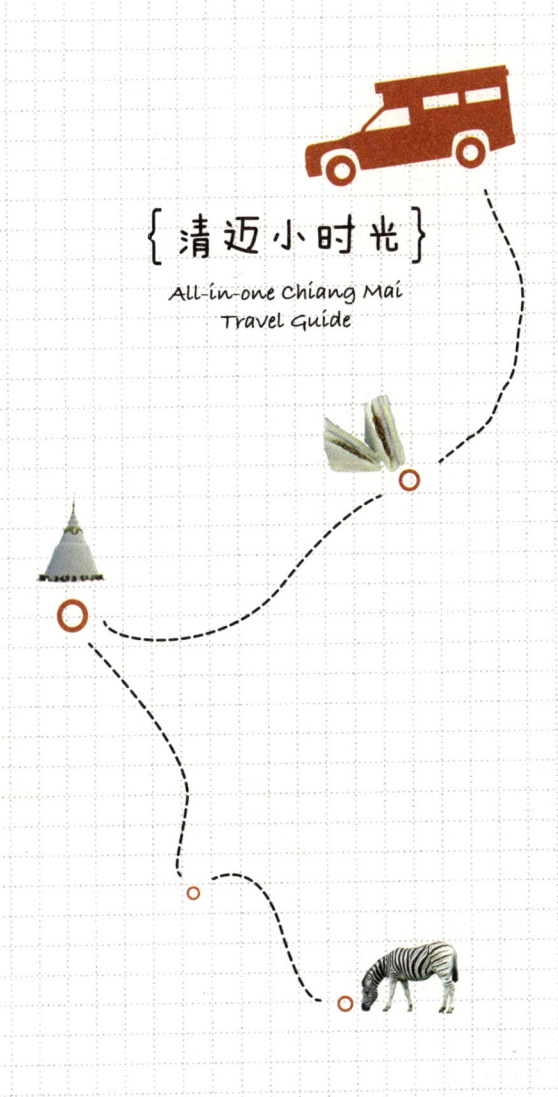

{清迈小时光}

All-in-one Chiang Mai
Travel Guide

重庆出版集团 重庆出版社　　[泰]格里萨·拉奈丽 著　　李巧娅 译

清迈，一座被群山、溪流包围的魅力之城。同时也是泰国"兰纳"文化艺术的中心，展现着兰纳文化最独特的生活方式和人文特色[①]。现如今的清迈人依然过着堪称完美的生活，这也使得清迈成为太多人心中那片忍不住要去探访的人间胜地。

---

①译者注：
兰纳是14、15世纪在泰国和缅甸边界显赫一时的王国，也是泰国最早的一个强大政权，清迈的许多重要建筑都是以兰纳王朝为特色建造的，具有浓浓的泰北风情。

去清迈旅游，带上这本《清迈小时光》绝对是不错的选择。整本书都很温馨，而且能带您从某些前所未有的角度了解清迈这座城市。某些东西，会长久地镌刻在您的脑海中，成为记忆的一部分。

▶ 狮子雕塑：

"兰纳"民族神圣的动物象征。根据古老文献记载，曾经有狮子在寺庙门口保护民众，周围的群众就不会被不好的东西打扰。那之后，狮子就犹如兰纳民族内心的守护神和图腾，静静地和这座古城厮守百年。而现今，清迈的兰纳文化已经向世界敞开了它百年的秘密，吸引着四海的宾客前来探访。

COFFEE Co
DARK ROAST
"cup dee!"
ZAD
Love Me
Love my Bug
"cup dee!"
ZAD

{ 编辑者语 }

　　欢迎来到清迈！这里是兰纳文化的发源地，这里有秀美的风光，美味的食物，还有温柔的、连说话声音都很动听的清迈人。

　　来到清迈，您可以逛逛步行街，去佛塔拜佛，上素贴山拜祭佛陀，去动物园看憨态可掬的大熊猫林滨和可爱的小河马，逛皇家市场找寻特色美味，信步宁曼路上听听悦耳的歌曲。尤其是每年泰历新年，这个城市更是热闹非凡，接待大量海内外游客。清迈的森林覆盖率非常高，动植物资源也特别丰富。一来到这里，就仿佛您真的置身于一个与世无争、葱葱郁郁的世外桃源。

　　您可别怕一个人来到这个陌生城市会感到孤单，只要您有需要，热心的当地人会非常乐意提供帮助。他们希望所有的游人就像他们一样，都爱上这座城市，愿意到这里游玩和生活。

　　最后，衷心祝愿各位读者开心幸福，很高兴通过此书与大家认识。我在清迈等着大家的到来。

好评!

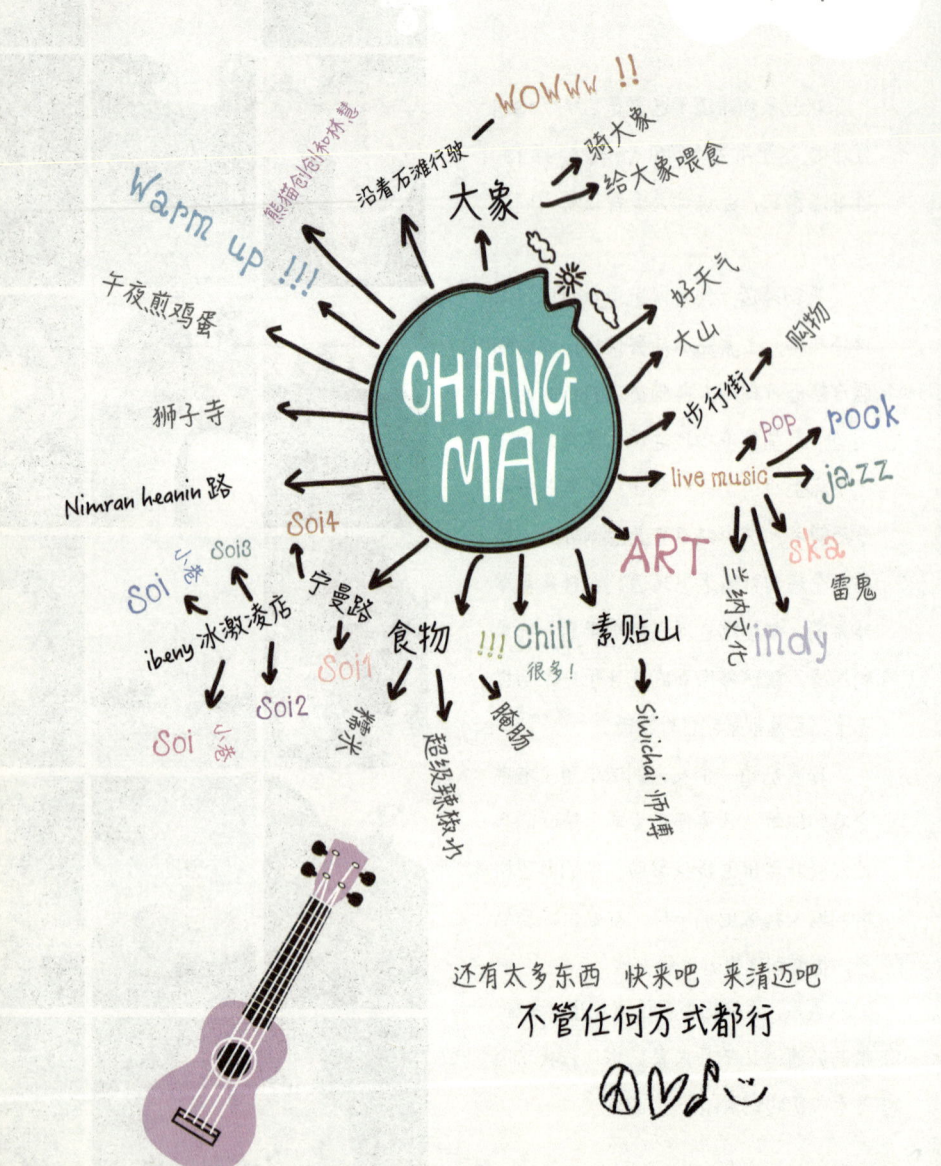

Warm up !!!
午夜煎鸡蛋
狮子寺
Nimran heanin 路
Soi 6巷 Soi3
ibeny 冰激凌店
Soi 5巷 Soi2
Soi4
宁曼路
Soi1
糯米

熊猫创创和林馨
沿着石滩行驶 — WOWww !!
大象
骑大象
给大象喂食

CHIANG MAI

好天气
大山
步行街 → 购物
live music → pop → rock
jazz
ART
ska
非纳文化
雷鬼
indy

食物
!!! Chill
很多!
素贴山
Siwichai 师傅
超级辣椒水
腊肠

还有太多东西 快来吧 来清迈吧
不管任何方式都行

{ 序言 }

"美丽"只是简单的一个词,但它已经足以概括清迈的精华。来清迈旅游,您手中的这本书,能带您感受不一样的清迈,让您在旅行中的吃喝玩乐、休闲娱乐有一次绝对别样的体验。作为一个好客的清迈人,我希望把一个完全不一样的清迈展现在大家眼前,包括那些您曾经去过的地方。

清迈,一个让您感受幸福、快乐、浪漫、温暖的地方。或者您只是想一个人散散心,也不失是个好去处。

来感受清迈特有的花灯香味吧,期待大家的光临。

格里萨·拉瑟丽

目录

1	序言
1	清迈
2	温暖
3	浪漫
4	找寻
5	微小的幸福
6	笑容
7	说话悦耳动听

9	这里是清迈 这里是我们的家
12	来吧
14	乘坐直升机 ——去清迈，方式不止您想的那样
16	客运飞机谁都可以坐，价格比想象便宜
17	自驾游，休息，游玩随心定
18	火车提速了，别以为还是能不能到都无所谓的年代
20	乘坐汽车——真的便宜
23	清迈公交车 15 泰铢游全城
25	四轮车——最常见的交通工具
27	摩托车出租 ——清迈人都不熟悉的交通方式
28	其他不错的交通方式
29	三轮车

32	必须要去的地方
33	仙贝路
35	上山之前
36	从清迈大学门口出发
37	走走 看看 读读 七林水库的历史
38	舍李维差大师纪念碑
39	莲花仙子宫殿 ——一个热爱泰北的女孩
40	帕拉塔寺庙
41	上素贴山的古路
42	双龙寺
43	蒲屏皇宫
44	普以山
45	山区美景，兰纳樱花
46	下山咯
47	清迈动物园——止不住的快乐

{ Contents }

- 48 清迈北部海底世界
- 49 仙贝路冰淇淋店
- 50 山旁的房屋
  ——在皇家技术学院旁边的巷子里
- 51 清迈大学前门潮流市场
- 52 马林广场
  ——纪念品和小吃市场
- 53 吉安昌巷里的生活气息
- 54 古藤蔓地　清迈的一个典故

- 55 切特由路山迪体目巷
  白象路　康迢市场
- 57 切特由寺　皇家修道院
- 58 清迈国家博物馆
- 58 写真工作室

- 59 拉玛9世皇家公园
- 59 白象通宵市场
- 60 塔林市场
- 61 塔林二手书市场
- 62 古道寺
- 63 去清迈市运动场锻炼身体
- 65 特木什寺
- 66 吉吉手工艺市场和夜市
- 67 吉吉市场
- 68 另一个角度看清迈
  ——缅甸人和大泰族务工人员眼中的清迈

- 69 清迈城中心游玩
- 71 三王纪念碑
- 72 清迈文化艺术馆
- 72 三王纪念碑旁老饭店推荐
- 73 清迈的中心——国柱寺
- 74 孟莱王被雷电击中的驾崩之地

75	清曼寺	100	新城市场
76	帕辛寺	101	詹森纪念桥
77	巴塞寺	102	萨拉蒙药店
78	柴迪隆寺	103	布普哈拉姆寺
79	盼道寺		
80	盼恩寺		
81	达帕寺		
82	洛蒙里寺		
83	塞目寺（缅甸）	104	昌坎地区　国家富庶之地
84	八宝寺		繁荣的东差区
85	八宝寺后面的大泰族聚集村寨	106	咖啡馆
86	钻石市场	107	阿红印度煎饼店
		108	三明治店
		109	永远的炒方便面店
		109	克伦辣椒猪肉米粉店
		110	胖姐刨冰店
		110	东京粥店
87	浮码头	111	曾经的阳光路电影院
89	纳瓦纳特桥	112	鹊肾树下的牛肉串店
90	吾巴胡特寺	113	布维差阿姨餐厅
91	圣方寺	114	超赞的糕点
92	百年　皇家市场	115	土城墙十字路口的永功面条店
96	周家胡同　巷子深处的魅力	116	素日翁购书中心
99	龙眼树市场	117	素日翁购书中心旁边的糕点店

118	混乱的二手书店
119	暹罗忠诚医院
120	柴蒙格寺
122	罗伊克寺
123	140年历史的古民居
124	钢铁桥
125	大泰族市场
126	清真寺
127	龚昌寺

128	清迈城门—吴莱地区
130	您一定会喜欢的市场氛围
133	清迈大门粥店
134	清迈城门 炸芋头
135	星期六夜市
136	南塔拉姆鸡油饭店
137	潘帝普商场
137	水牛饭店
138	影碟店
138	模压佛像店

139	清迈地地区
141	泰式小吃
142	清迈地水果店
143	养生首选 台湾食品
144	渔民海鲜烩炒店

145	宾河东岸
147	宾河东岸——（从拱廊地区到王子学校）
147	更阿拉姆寺
148	洪贤兰纳文化传承中心
149	王子学校十字路口的步行街
150	三泰铢米粉店
150	五泰铢米粉店
151	王子学校旁巷子小吃大作战
151	阿顺大叔的烧烤肉丸
152	电影院门口的泰式米粉店
154	宾河区域，噶甘啦寺庙旁边

155 宾河东岸（火车站—城中心—伞巴坤—登镇—农合以地区）
156 炸香蕉
157 维古帕里包子店
158 卡维拉王纪念碑
159 清迈—南奔路
160 特色家园墓园街
161 完美家园电厂旁边的旧楼
162 通往孟佛小学的桥
163 灯笼制作基地
164 孟莱竹筒糯米饭
165 Cups Cafe

171 清迈大学后面的夜市
172 金剪刀巷子里的日本蛋糕店
172 宁曼路
173 IMPRESSO 吧
173 PaPa Curry 餐厅
174 JunJun 杯子蛋糕

175 夜恒镇
177 派塔多以坎寺
178 夜蒲利村庄

166 清迈大学后面的花园区域
168 松德寺
169 乌孟寺
170 让木彭寺
171 坦帕永市场

180 夜林县
182 Hoay tung 蓄水池
182 夜沙瀑布
183 帕达拉皮罗寺
183 达拉皮罗宫博物馆

184	**那些印象深刻的地方**	204	**吉祥物**
185	趣味中心	205	超赞的食物
186	素贴山上的观景台	206	米粉烤香肠　清迈的招牌美食　全城就两家
186	玻璃水库	207	Tapat 大叔的糯米饭
187	魏功甘古城	208	清迈　米粉的城市
188	谭肯寺	211	历史悠久的名小吃
189	派塔多以诺伊寺	212	修身养性　闭眼好梦
191	纳通法博市场	213	拉坤朋宾馆
192	巴生元步行街	214	浮码头宾馆
194	麦凯恩康复研究（医）院	215	伞皮社别墅酒店
		216	果康小屋
		217	阿拉小屋
		218	诺伊小屋
		219	nine place
196	**泰历新年**	220	阿克力索酒店
198	水灯节	221	莫鲁姆酒店
200	上山节	222	清迈的拥抱
201	出夏节之前的养甲虫活动	223	西拉精品住宿加早餐酒店
202	为了庆祝泰国人民的 3 件重要事情举办的第二次特别盛宴	224	尼森瑟酒店
203	来看 3 种宴会的亮点	225	清迈旅游指南

**热烈欢迎
所有来到这里的人们！**
Warm welcome to all who come here!

清迈

一座让太多人沉醉的城市。一座让人迷恋的城市。一座有着太多美好记忆的城市。是什么,让这么多的人对这座城市如痴如醉?

温暖

  还记得吗……通过层叠弯曲的道路，您希望到达Inthanon（因他暖）山顶感受山顶风光，却意外邂逅了一件更为深刻的事情，那就是吃一杯小小的、热气腾腾的方便面。只因为您从来没有在哪里吃过比这个更好吃、更温暖的方便面。软软糯糯的，进入口中就好像是温暖的太阳光包裹着自己，驱走了冷风的寒冷。

  还记得吗……曾经有一次您拿着地图，一个人一路打听进入了清迈城中的小巷，使得您遇见了如画的风景、温馨的氛围、人们的微笑以及清迈人民悦耳动听的泰北话。

  所有这些都变成了难以忘怀的事情，以至于一定要找一个小小的咖啡厅，坐下来写postcard（明信片）寄给远方的朋友和未来的自己，倾诉您此刻的内心"真的很难忘"。

还记得吗……在一年中最寒冷的夜晚，在山顶或者某座山上，您的心反而感觉很温暖，您怀抱着爱人，一起走在寒风里，天空中繁星闪烁。

　　还记得吗……在除夕之夜（一年中最后一天的晚上），成千上万的人们在 Tha Pae 路上倒计时迎接新年。但您的心只在您的一位朋友身上，他或者您正在帮助"爱人"点燃孔明灯让它飞上天空。就算您只是一位"旁观者"，看到自己暗恋的人很幸福，也会感觉到很满足。

浪漫

找寻

　　还记得吗……在宋干节的最后一个傍晚,也就是太阳即将落山的最后一刻,您转身回来想寻找一个几分钟前刚刚见过面的人,但是就在几分钟前您错过他后,却很有可能这辈子都不能再遇见。护城河周围围着成千上万的人,再过几个小时玩水的活动也将结束。

　　还记得吗……您最喜欢的餐厅和咖啡馆。无论何时来清迈您都要去看看,去吃一通,不管是和您的爱人,和您的密友,还是和您的家人。

　　这家酒馆,可能还在那个老地方,但不一样的是"某些人",某些曾经和您来这家酒馆的人,他可能从您的生活中消失了,同时也带走了你们之间的不理解。他可能已经失去了生命,永远不会再回来了。

微小的幸福

还记得吗……那次您为了逃避城市里的工作，一个人来到远离人世间喧嚣的小民宿居住……懒觉过后，您坐在温暖的阳光下，吹着凉爽的风，抬眼望去就看见正要去田里劳动的农民伯伯（阿姨）向您投来真诚的微笑。这种生活和城市高楼大厦里的生活不同，在城里即便您怎样竭尽全力地去工作，都不曾有谁这样对您微笑……

还记得吗……您坐在拥挤的夜市街道上吃的那份盖在热气腾腾的白米盒饭上蓬松酥脆、喷香可口的煎蛋饼。在填满胃的同时，也感受了小小的幸福。您释放着内心，与街道两边充满微笑的氛围融合，您会发现，旁边和商贩们讨价还价的声音，也是这座城市的美景之一。

笑容

还记得吗……当您第一次踏入清迈大学的校门的情景。火车到站，学姐学长在站口笑着等待着您，这一切都还历历在目吧。那是您这个刚刚离开父母怀抱的菜鸟大学生，在这个陌生城市收获的第一份笑容。

还记得吗……那句"感谢您的惠顾"。威菇帕玲包子店的奶奶，总在递给您包子的同时，微笑着说这句话。这总会让您感觉心里暖暖的，不自觉地回应一个笑容。您觉得她就像亲人一样亲切，恨不得让她的包子店开到您家附近去。

说话悦耳动听

"kam muang（泰北话）"或者泰语普通话称为"kham muang(泰北话)"，来源于原始的兰纳语言，也就是最初所说的"兰纳文字"或"泰北文字"。

随着社会变化，泰国中部的人大批涌入泰国北部，同时泰国中部的语言也随之带入并得到发展。久而久之，清迈人和兰纳人都渐渐地开始说泰国中部的语言。

就这样，我们在日常生活中使用的、听到的、看到的"kham muang(泰北话)"就不是最初的兰纳文字的样子，而是用泰中部语言写出"泰北口语的发音"。比如说：Yin dee judge phra chao = Duay kwam yin dee ka（欢迎光临 / 欢迎来到）。

但是"kam muang（泰北话）"依旧还是"kam muang（泰北话）"。当您真的来到清迈，就会听到这里的男男女女"wuukammuang（说泰北话）"，语调缓慢动听，音色平易近人，也就是说"wuumuan(说话悦耳动听)"，这也是人们对这个城市流连忘返的原因之一。

All-in-one Chiangmai Travel Guide

8 清迈小时光

这里是清迈
这里是我们的家

清迈,曾经是兰纳的中心城市,王宫建立距今有700多年历史。

虽然后面清迈转换了统治权,陷入缅甸和阿育他耶的战争中,但它仍然是兰纳的中心城市。

清迈不仅是泰北中心和兰纳的领土范围,在拉玛五世时期,还正式成为暹罗的一部分。

从清迈通火车的那一刻起,中部的繁华昌盛也随之传入,一切都在改变。

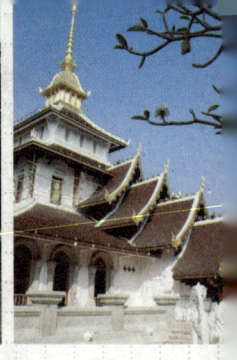

可以肯定，历史证实，一种事物兴起的同时，必定会失去更多。

当下的清迈，与五年前已大不相同。

五年前的清迈，与十年前又变了太多。

三十年前的清迈，和十年前绝对不一样。

不管怎么损坏或者改变，那些重要的、有价值的、有意义的东西依然被保留，依然被提起，依然被一代一代传承着，让人们去探索、去学习。

与此同时，某些新事物、新方式不知不觉间渗入生活。如果您来清迈旅游，并用心去细致地感受这个城市，您会发现古老的寺庙周围，盖上了不少新房子，古民居里出现了很多夜晚娱乐场所。

传统的风俗习惯，比如，斋僧夜晚游行、水灯节和宋干节的时候，祖辈的老人们期望和年轻人一起过节，以希望更多人关注传统文化和信奉佛教。

真正的地方特色菜，可能已经变了味。各地的商家，为了得到更好的生意，在味道上做了不同的改进。

重要的历史古迹——三王纪念碑——都分了一个大广场，用来作为孩子们的冰球训练场。

如果您去市中心或者别的地

方的夜市，您会发现老老少少挤在一起，却如此和谐。

这些，都是清迈的魅力所在，也是人们对清迈评价颇高的原因。

温暖的城市，微笑的城市，浪漫的城市，让每一个到来的人收获美好记忆的城市。

在这里，生活不急不躁，时间也不忍心加快脚步，让这里的宁静和美丽消逝太快。

这里也是一座很多年轻学子向往的学习胜地。

这是一座适合劳累的、灰心的，甚至失败的人来重拾信心的城市，适合大城市的人们来疗伤的心灵胜地。

这是一座长辈希望带着一家人来度假的城市。远离喧嚣，静静地感受山间的新鲜空气，看山间云雾缭绕，犹如仙境。

在这座城市，有很多善良的老人，总是面带笑容，最喜欢和各地的游客聊天。

不管您是来过，还是正准备来，不管您是因为工作还是单纯来游玩，相信本书里介绍的东西，绝对能让您不虚此行。

希望大家能在清迈玩得尽兴，一定要好好感受这座城市的魅力。再次欢迎你们。

{ **来吧** }
Come on

您可以随意选择适合自己的方式、合适的时间来清迈旅游。相信您的清迈之旅一定充满乐趣。

以前，从曼谷到清迈，大多是走水路坐长尾汽船。从那空沙旺府 Pak 河口开始，逆流经过各个岛屿到达哒府的宾河，最终到达 Hot 县内的 Doi Tao 湖，从这里上岸后进入清迈。

　　除了坐长尾汽船这种方法外，马驮篓、牛驮篓也是方法之一。这里的"驮篓"在北部语言里意思是使用马"运输"。而牛运输东西是来自中部的另外一种方法。

　　后来北部线路铁路修到了清迈，随之首都的繁荣进步也一起传到了清迈。随着时代变迁，曼谷的公路修到了清迈，使清迈的乡镇再次得到了发展。

　　最后，请让我把最好的祝愿，送给建立这些交通系统的前辈们，是他们为我们这些后代提供了方便、舒适，使每一个想来清迈的人可以有多种交通选择方式。

乘坐直升机

——去清迈，方式不止您想的那样
（2999 泰铢）

2999

如果您想以一种全新的方式来清迈，乘坐直升机当然是最赞的选择。坐上直升飞机，可以从空中放眼看美景，阳光在云朵中穿梭。直升机旅行，不仅可以感受在洁白柔软的云朵中穿行的浪漫，还是一种早点到达目的地的便捷方式。

载人直升机服务属于推进航空有限公司的业务，公司一共有两架新式 EC135

系列飞机和一架 EC130 式直升机用于曼谷到清迈的飞行。

  飞行的安全尤为重要，所有飞行员都有着至少 25 年以上的飞机驾驶经验，或者不少于 5000 小时的飞机驾驶时间。飞机的维修人员都是直接从飞机制造厂和泰国大型维修中心聘请过来的。

  直升机在曼谷有超过 20 个停机场，全国一共有 100 多个，您可以选择在任意的地方停靠。比如，芭提雅、华欣、是拉差高尔夫球场、巴真武里府、攀牙湾、皮皮岛、素叻他尼、苏梅岛、龟岛、兰达岛、清莱、清迈、金三角、夜丰颂府、拜县、琅勃拉邦、安康山、美斯乐山。

  您也可以在非停机场的地方作停留，运动场、学校操场等都可以作为临时停靠点。

  不知道您是否对 Flying Your Dream 飞行之旅感兴趣，15 分钟的飞行时间，每个人仅需 2999 泰铢。每趟飞行要有 4 名乘客才能起飞，一架直升机仅限乘坐 6 人。这样的清迈之行一定是您一生中最难忘的记忆。

客运飞机谁都可以坐，价格比想象便宜

"我相信我能飞翔，我相信我能触摸天空，我日思夜念，张开翅膀飞翔。"
现在人的心灵和身体都需要外出旅行，放松自我。一场方便舒适的飞行，已经成了大众消费。如果您想来场低消费的清迈之旅，提前买一张便宜的机票绝对是明智之选。下面是一些从曼谷到清迈的航班。

诺克航空　Dou muang 机场起飞，清迈国际机场降落。
航班咨询服务　价格咨询、网上订票可拨打电话1318或者0-2900-9955。
清迈办公室电话 053-922183，网址 www.nokair.com。

泰国东方航空公司　Dou muang 机场出发，清迈国际机场降落。
航班咨询服务　价格咨询、网上订票，可拨打 1126 或者 0-2229-4100-1，网址 www.flyorientthai.com。

亚洲航空　苏万那普国际机场起飞，清迈国际机场降落。
航班咨询服务　价格咨询、网上订票可拨打 0-2515-9999，网址 www.airasia.com。

泰国航空　苏万那普国际机场起飞，清迈国际机场降落。
航班咨询服务　价格咨询、网上订票可拨打 1566, 0-2356-1111, 0-2132-1888, 0-2628-2000, 0-2253=2081-8。
清迈办公室电话 053-327900, 053-920999, 网址 www.thaiairways.com。

曼谷航空公司　苏万那普国际机场起飞，清迈国际机场降落。
航班咨询服务价格咨询、网上订票可拨打 0-2270-6699，网址 www.bangkokair.com。

自驾游，休息，游玩随心定

读者朋友中一定有很多自驾游爱好者，也经常从曼谷驾车去清迈玩。常来清迈的人，对 117 号高速公路绝对不陌生。

从曼谷出发，到达那空沙旺府后，可以选择彭世洛方向，走 11 号高速公路。这是一条常用通道，方便安全，沿途经过南邦、南奔，从清迈的沙拉丕县进入清迈城。也可以在那空沙旺选择 1 号路，沿途会经过甘亨碧府、达府、南邦府，从南奔府的里县进入清迈福县、乌龟山、伞巴东地区、杭东县，最后从中央机场广场大型商场的十字路口进入清迈城。

路程听起来很简单，事实上很危险，驾驶难度远大于 117 号路。如果您独自驾车，还是别选这条路的好。要是和朋友或者家人同行，想要换个环境，享受大自然的美景的话，这条路一路上的风光还是很不错的。

火车提速了，别以为还是能不能到都无所谓的年代

　　如果您不急着赶时间，想好好享受旅程，希望和知心朋友来场浪漫约会，或者想要寻找生活灵感，不如坐上去清迈的火车吧。

　　坐个没有空调的火车，打开窗子，让两边的风吹进来，顿时觉得神清气爽，注意躲开照射进来的刺眼阳光，困了就闭眼休息，休息好了可以看看书。每到一个站都会有卖小吃的商贩叫卖，一定要买来尝尝。

　　相信对很多人来说，火车旅程是一生中很珍贵的经历，下面有份详细的曼谷到清迈火车时刻表，这种慢悠悠的旅程，可能会让您找到某些内心答案。

列次	类别	出发时间	到达时间
109	快车	14:30	5:10
407	地方列车	5:00	14:47

● 各趟列车价格

列次	类别	出发时间	到达时间
9	特快	8:30	20:30

上等座有空调，611 铢

列次	类别	出发时间	到达时间
109	快车	14:30	5:10

二等卧铺，有风扇，上铺 491 铢，下铺 541 铢
二等坐票，有风扇，成人 391 铢，小孩 251 铢
三等坐票，有风扇，成人 231 铢，小孩 171 铢

列次	类别	出发时间	到达时间
11	特快	18:00	6:15

二等坐票，有空调，成人 611 铢，小孩 471 铢

列次	类别	出发时间	到达时间
1	特快	18:10	7:45

一等卧铺，有空调，上铺 1253 铢，下铺 1453 铢，包间 1953 铢
二等卧铺，有空调，上铺 791 铢，下铺 881 铢

列次	类别	出发时间	到达时间
13	特快	19:35	9:45

一等卧铺，有空调，上铺 1253 铢，下铺 1453 铢，包间 1953 铢
二等卧铺，有空调，上铺 771 铢，下铺 841 铢

列次	类别	出发时间	到达时间
51	快车	22:00	12:45

一等卧铺，有空调，上铺 751 铢，下铺 821 铢
一等坐票，有空调，541 铢
二等卧铺，有风扇，上铺 531 铢，下铺 581 铢
三等坐票，有风扇，271 铢

问题咨询请拨打 1690 或者 0-2223-3762
订票 0-2220-4334，0220-4444，02621-8701 转 4334
清迈办事处：053-244795，053-245363

乘坐汽车
——真的便宜

　　从曼谷到清迈的空调大巴，购票很方便，通常的线路是从北部汽车客运站发车，走彭世洛2号路去清迈，这种方式不失为节约旅途成本的好选择。

　　想有私人空间的话，可以选择一个靠窗的座位坐下，戴上耳机，听听歌，写写旅行日记，看看书，困的时候最好带上眼罩，可以毫无顾虑地好好休息。

90%到清迈的大巴车到站都停在清迈第2客运站，清迈人通常称它为"拱廊"（电话咨询053-241449，053-242664或者www.transport.co.th）。

下面是曼谷到清迈的各家班车公司联系方式：

新毅力汽车公司　电话0-2234-3362，0-2936-4211，0-2936-2205，053-3-4772，053-247007，获取更多资讯可登录www.newviriya.com。

早上好旅行公司（阿龙旅行社）电话0-2936-3638-9，0-2941-9675，053-247866，获取更多资讯可登录www.thairoute.com。

那空沙旺汽车公司（thanchitt旅行社）　电话0-2936-3210-3，053-202606-7

教育县旅行公司　电话081-796-3831，053-248537

毅力旅行公司　电话0-2936-2827，053-244501

胜利崇拜公司　电话 0-2936-0198，获取更多资讯可登录 www.cherdchaitour.com。

999 公司（运输有限公司）　电话 0-2936-2841-48，0-2936-2852-66 转 442，311，获取更多资讯可登录 www.transport.co.th。

双倍好运旅行公司　电话 0-2936-6999（24 小时服务），获取更多资讯可登录 www.chokeroongtaveetour.co 或者 www.thairoute.com。

高贵战士旅行公司　电话 0-2936-3554，0-2936-2939，053-304678

第一暹罗旅行社　电话 0-2954-3601-7，053-222292-3，获取更多咨询可登录 www.siamfirst.co.th。

格里沙旅行社　电话 0-2936-3553，0-2936-2982，053-305089，053-244713，053-2479900，086-193-60000，传真 053-244012，获取更多资讯可登录 www.sritawongtour.com。

因陀罗旅行公司　电话 0-2936-2492-3，053-274638，053-305089-10，传真 053-279384，网址 www.thairoute.com。

小陈旅行公司　电话 0-2618-7418-20，0-2936-3282，0-2936-2762，0-2251-8877，053-274721-2，053-246881

大师旅行社　电话 0-2936-3481

兰纳少女旅行社　电话 0-2936-4069，053-247770

胜利之城旅行社　网址 www.nakhonchaitour.com。

财富旅行社　电话 0-2792-1444，网址 www.sombattour.com。

22　清迈小时光

清迈公交车
15 泰铢游全城

如果您是一个时间充裕的旅行者，或者您带的钱不太多，坐坐清迈运输部门旗下的白色公交车很不错哟，坐在车上不仅可以看风景，还很节约，全程只需要 15 泰铢。学生和小孩仅需 10 泰铢。

带一小瓶水和些许小吃，坐上舒适的公交车，放松身体，用心感受两旁的风景，车上的乘客越少越好，可以跟公交车司机和乘务员聊聊天，也不失为旅行中的难忘经历。

清迈的公交车有两路，一路从客运站第 2 商场出发，从起点站出发，最后又返回起点站。另一路起点站在白象客运站。两路车经过的站点如下：

从第 2 客运站发车的公交车线路（也叫 11 路车）：
早上 6 点到 11 点，下午 1 点到 6 点（每小时发车）

从客运站商场出发，经过十字路口、星星学校、皇家学校、nakornping 大桥、龙眼树市场、皇家市场、市中心路、市中心城门、城中十字路口、三王纪念碑、狮子庙、清迈大门市场、乌兰路、中央机场十字路口、plaza 广场、杭东莲花超市、杭东 big-c 超市、吉祥村、samrng 十字路口、植物园、住宅项目（夜间野生动物园），最后又返回第 2 客运站。

白象客运站发车公交车线路：
早上 6 点发车到 11 点，下午 11 点发车到 6 点（每小时发车）

从白象客运站发车，到塔宁市场、清迈皇家大学、狮子广场十字路口、拉玛九世皇家公园、兰纳高尔夫球场、清迈市政厅、清迈法庭、军营、Nkornping 医院、陆军福利分房、navimin 学校、700 年古民居、700 年运动场、清迈中心监狱、清迈工商行政管理局、清迈就业办、清迈学区办公室、生态城、泰国银行、联合商业城，最后返回白象客运站。

四轮车
——最常见的交通工具

可以随叫随到的双条车是清迈的一大特色。现在清迈有了在传统的双条车顶上加上钢架结构，安全系数更好的拉客用车，它们被称作"四轮车"，都设有专门的停车地点等客人。

如果您在县城路边等车，不出 5 分钟，一定有四轮车大叔停下来吆喝，问您要不要坐车，一般价格 20 泰铢起。

不同颜色的四轮车有不同的行车线路，红色的车只在清迈城中，而黄色、绿色、白色、蓝色、橙色，则分布在各个县城。

黄色四轮车　分为 7 条线路

第 1 条　清迈—宗通县：停车点在清迈大门市场，从吴来路出发，每天上午 8:00 到下午 4:00。

第 2 条　清迈—孟萨：停车点在清迈大门市场，从吴来路出发，每天上午 9:00 到 11:00。

第 3 条　清迈—伞甘亨县温泉：停车点在皇家市场、龙眼树市场和 nakornping 市场，每天早上 5:00 到晚上 10:00。

第 4 条　清迈—雷沙格县：停车点在白象客运站、龙眼树市场和 nakornping 市场，每天早上 5:00 到晚上 10:00。

第 5 条　清迈—夜林县：停车点在白象客运站，直接进入夜林县，每天早上 6:00 到下午 6:00。

第 6 条　清佬县—纳城—黎明寺—安康山：停车点在白象客运站，每天早上 7:10 到下午 4:00。

第 7 条　清迈—月亮寺：停车点在白象客运站，每天上午 10:30 到 12:30。

绿色四轮车　停车点在滨河边、纳瓦拉特桥对面、rimping 超市附近，车行驶方向是伞柿县，最后到夜宗镇。每天早上 6:15 到下午 6:00。

蓝色四轮车　停车点在滨河边、纳瓦拉特桥对面、rimping 超市附近。车往橡胶树路的方向，经过清迈—南奔路，穿过沙拉丕县，最后到南奔府境内。每天早上 5:00 到晚上 8:00。

橙色四轮车　停车点在白象客运站，一路经过清佬县、柴盘拉县、范县，最后到达安康山。每天早上 6:15 到下午 6:00。

红色四轮车　线路最近的一路车，但分为几条线路。清迈到帕县，每天早上 8:15 到下午 4:15。

白色四轮车　一共 3 路

第 1 路　停车点在皇家市场，去往雷沙格县方向。每天早上 7:00 到下午 6:30。

第 2 路　停车点在皇家市场，去往夜登县和夜嘎县的边境。每天早上 5:00 到晚上 8:30。

第 3 路　停车点在皇家市场，去博桑区和伞甘亨县。每天早上 7:00 到晚上 9:00。

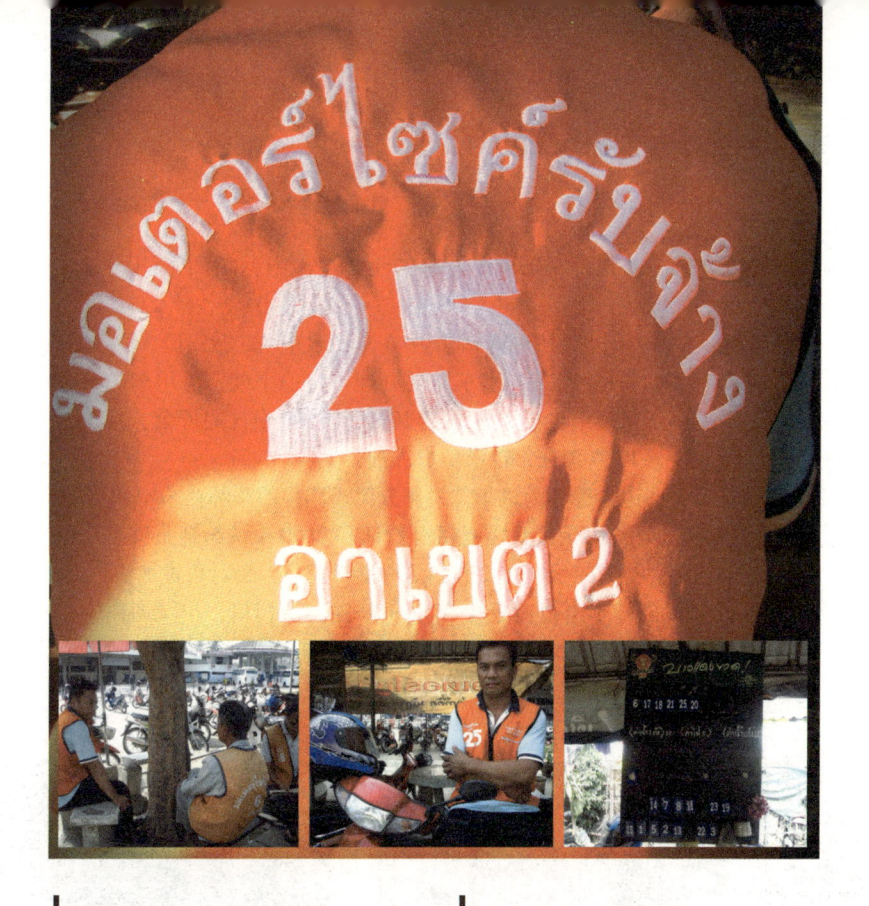

摩托车出租
——清迈人都不熟悉的交通方式

摩托车出租是清迈的另类交通方式之一，清迈的摩托车车站共有五个，它们是左岸商场车站（摩的师傅穿蓝色背心）、右岸商场车站（摩的师傅穿橙色背心）、白象客运车站、帕勇车市场、清迈市政厅。

不管远近，摩的哥都能负责把您带到目的地，只是乘坐的价格从 20 泰铢到 120 泰铢不等。

其他不错的交通方式

如果您没有自己开车来清迈,想在当地租车旅行,有下面几种方式值得考虑。

小轿车:大部分出租的小车都集中在伞巴永市场、城门口、信息路、loikhok 路和 sridonchai 路上,租车需要办理一定的手续,需用车的游客做登记,提供身份证给老板,并缴纳 2000 到 5000 泰铢的押金。租车的费用一天 800 至 1500 泰铢,自己负责加油。

摩托车:清迈人称其为机车。大部分用于出租的车都在 Sompet 路、城门口和 sridonchai 路上。只需提供身份证和 2000 泰铢的押金就可以租到一辆摩托车。一天的租金在 150 到 200 泰铢左右。自己负责加油。

自行车:自行车出租商集中在 Sompet 路、城门口、护城河周围。只要提供身份证和 1000 泰铢的押金就可以骑走一辆。租金每天 50 到 200 泰铢不等。

三轮车

　　在先进的物质文明发展的今天，三轮车是为数不多的保留下来的交通方式，并且在某些市场中还在使用，比如皇家市场、龙眼树市场、清迈大门市场、白象市场和伞巴永市场。

　　乘坐三轮车的价格很便宜，几十泰铢就可以。一路上师傅还很会聊天，拉拉家常，讲述一些关于百年清迈的老故事，对游人来说，坐在车上一边听故事一边感受纯粹的清迈生活，也许是份挺难忘的回忆。

夜林县
夜林
土林
伞达干
白象
康天市场
素贴山
清迈大学正门
城中心
兰花园
清迈大学后门
夜横
夜沙蒙县
清迈城门
吴来
清迈 land
昌坝
杭东县

柿县

雷沙格县

右岩

内城

伞甘烹县

北
西 东
南

沙拉不县

必须要去的地方

清迈有很多旅游景点,城内城外都有。但下面的这些地方,才是来清迈最该去的地方,某些地方就像是"您所不知道的清迈",很多清迈本地人都不一定知道。美好氛围和经历正等着您的光临。

仙贝路

仙贝路（Huaykaew）是另一条我们有必要了解的路，这条路的两旁排满了为学生们提供三餐的饭馆。

同时这条路也连接巴世丽路，是巴世丽大师、兰纳的慈善家和虔诚的人民共同筑造起来的，它就好比一条有着伟大功绩的慈善之路。

游客们会到巴世丽大师纪念碑跪拜祈福，然后从这里启程上山，其间人们把自己置身于长达13公里的森林之中，以此来表达对素贴山的敬仰之情，也为自身祈求富贵吉祥。

这两条道路向我们反射出历史和宗教的"区别"，同时这里也能和时尚、流行、繁荣和谐地"融在一起"。

34 清迈小时光

上山之前

（在祈福的道路上供奉、朝拜神圣的事物和宗教场所，同时也回顾曾经的兰纳历史之路。）

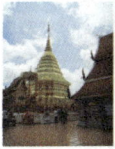

来 Huaykaew 路游玩的大多数游客，通常的目的地会有：清迈动物园和素贴山、Pui 山 (Ban Mong Doi Pui View Point)，但会先朝拜 Sri Wichai 路两旁神圣的事物。

当到了素贴山双龙寺并为生命祈福好运之后，就根据各自的喜好去其他的地方玩。

舒适融洽的氛围——Huaykaew 路早晨的布施：

这种不急不躁的生活方式每天早上都可以见到，特别是在前一夜飘雨后的早上，或者是在温暖的阳光开始照耀的冬季早晨。这是一种很多人都不能忘记的美好感觉。来自 Si Sodo 寺、Pha Lat 寺和其他寺庙的几百位僧人将来接受亲朋好友的布施，时间大约在 6:00—7:30。

从清迈大学门口出发

如果您自己没有开车，那么清迈大学正门口的红色四轮车师傅会非常乐意为您提供服务，他们从早上5点到下午6点都有车等在大学门口。上山和下山都是40泰铢，但是至少要有10个人才发车。如果您想包车，可以和师傅商量价格。

走走 看看 读读
七林水库的历史

如果您正在等满 10 个乘客才出发的红色四轮车上素贴山，不妨试着往下走大概 100 米，就会看到一个古老的水库，外观是圆形的，直径大约 900 米，有数据记载说这个蓄水槽蓄水量为 7 槽（Ched Rang），也就是所说的 Chet Lin（七林）。这就是它名字的由来 "Wiang Ched Lin"。

这处水库已经存在 1000 年了，修建于三坊根王执政时期，在那个时候，清迈城都还没有建立起来，还是北部山区人民治理着素贴山。这也算是在等车的途中，增加了一点有价值的历史知识吧。

舍李维差大师纪念碑

在这条舍李维差（Cheliweechai）路上，汽车和摩托车的喇叭声络绎不绝，因为这里有清迈人的心灵圣地。远方来的游客都在这里停车，点上香蜡等拜祭这位大师。

在这里，有一个大家都知道的秘密，那就是只需要向大师祈福，而不用去神庙。不管求什么都行，非常灵验。这个信仰传承了一代又一代。

莲花仙子宫殿
——一个热爱泰北的女孩

　　莲花宫，是一座有瀑布的水宫殿，瀑布从素贴山的高处落下来。传说在二战期间，一位名叫"莲花"的老挝老师连同她肚子里的孩子被大城市的男朋友抛弃。莲花心灰意冷，投入仙贝河自杀，后在清迈的一片水域奇迹般地被泰国人所救，并在这里收获了真正的爱情。

　　现在这片水域成为清迈很流行的一个旅游景点，在清凉的水中嬉戏，或者放松心情，在舒适的环境中静静待上一天。而当初莲花被救起的高岭，成了游人们的最佳拍照留念地。

帕拉塔寺庙

（Sakithaka，清迈一角，一个值得每个人来旅游祈福的地方）

这座寺庙特别令人印象深刻。不仅树木茂盛环境优美，更有瀑布穿过寺庙流经下面的悬崖，也就是说从这里可以看到环山的整个清迈城。

此外，还有各个时代的建筑和雕塑。不论是在佛像供奉区，还是 Phra Chao Kue Na 时期建造的具有缅甸匠人手艺的古老佛塔、神圣的古井和 Khru Ba Sriwichaichao（高僧名）时期修建的佛堂，以及修建的上素贴山（Doi Suthep）的公路，虽然有部分建筑和雕塑随着时间慢慢腐蚀，但这些砖、水泥、焊纹、物体表面的裂纹恰好吸引着我们去寻找和回想起这里曾经的情景。

很遗憾的是，连很多清迈当地人也不知道这座寺庙的存在。原因之一在于寺庙的进口，需要从 Sriwichai 路左转往下走大约 1 公里，而这个地方恰好是一个死角，看不到下面有一个寺庙。另一方面的原因是因为修建于寺庙进口周围的亭子，容易使得经过这里的路人以为帕拉塔（Pha Lat）寺庙只是一处建筑。但是通过介绍后发现，这座寺庙肯定又是一处值得很多游客游览参观的地方。

信息查询热线：053-248209

上素贴山的古路

从前想要登上素贴山是一件非常困难的事情，完全没有现在这么好的路可以走，都是沿着悬崖凿出的一条条小路通行。

寺庙的台阶是在巴世丽大师时期出现的，已经腐朽在悬崖边帕拉寺庙瀑布边上，再也看不到了。非常想让朋友们来亲密接触这条有着兰纳历史的古道路。

双龙寺

根据历史文献记载,双龙寺建于库纳王执政时期,当时为了选一座山供奉佛舍利,最终选择了素贴山。这里是外地游客们必来的宗教场所之一,因为这里是清迈人民一直以来最最景仰的圣地。

对于出生于羊年的读者朋友而言,一生当中一定要去一次双龙寺,因为这座寺庙也是羊年建成的。

如果读者朋友们家里有年迈的老人或是身体不太方便的人,不用担心从停车场走到双龙寺会很困难,因为这里有观光电车或者卡车送您上去,而不用去爬185级阶梯。如果身体矫健或是想要寻找拍照的地方,就可以走阶梯上去。

由于双龙寺是清迈重要的寺庙之一,前来膜拜的人不计其数,读者朋友们应该遵守寺庙规则,不穿短裙和背心进入寺庙,有些地方一定要看清楚警示牌,因为衣衫不整禁止入内。

开放时间:每天 7:00—18:00
详询热线:053-295002-3
网址: www.doisuthep.com

蒲屏皇宫

这座皇宫凝聚了泰国人民的心血,修建的时候,国王正为了北部的经济建设,让居住在山上的苗族人民放弃种植鸦片而改种蔬菜、水果,承诺为他们创造足够的收入而做着斗争。

在这座皇宫里,游客们可以尽情地观赏丰富多彩、不同种类的花草树木,这里所带给泰国人民的美好记忆是别处不能比拟的。

门票,成人20铢,儿童10铢;或者是租一辆电车,费用大约是300铢,可以乘坐3人。这里开放给游客们观赏的面积大约有200莱(1莱=1600平方米),每天8:30—11:30和13:00—15:30开放,但是每年1月到3月会停止对外开放。

详询热线:053-223065,053-219932

普以山
（苗族聚居地——山顶上的简单美好生活）

这是一个值得游人不惜冒着冷气和雾霭来到的地方。印象最深刻的是苗族人的笑容和真诚。普以（Pui）山苗寨可能是现代社会中极少的保留完整的传统村落。

在当地的杂货铺坐下来，点一份热腾腾的泰式米粉，放空心灵，把从当地人的生活中感受到的幸福沉淀心底。

吃饱之后要一杯冰咖啡，一边逛一边购买当地手工艺品，或者试着和孩子们一块玩耍，感受纯真的快乐，也可以拍拍照片，比如拍黑马、有意思的小角落等等。这些小乐趣是您在大城市完全体会不到的，您还会急着下山吗？

山区美景，兰纳樱花

大约在四五年前，正处于12月底到来年1月底的凉季，"Kunchangkian高级农业研究与实习基地"受到了国内外游客的关注。

因为研究基地粉白色的老虎花和随风飘洒的樱花的花期都很短暂，所以建议朋友们和爱人们一起来这里游玩，少男少女们也可以在温暖的阳光下，品着香醇的咖啡。在生命的记忆中留下这美好的瞬间。

研究站每天都开放办公，从蒲屏皇宫过去大约8公里的地方，有一条向左转的公路，这条路会经过"Kunchangkian"村子，然后通向研究站。再走7公里的样子就可以问问老虎花的花期，还有就是询问一下有关入住的民宿或者是露营帐篷的相关事宜。

详询热线：053-944053,053-222014

45

下山咯

当您去了 pui 山和吉安昌村之后，您可能会觉得这已经是清迈最值得推荐的旅游线路，但其实还有很多。

从吉安昌村往夜林县方向，有一个天然的自行车比赛线路，也是很多骑摩托车的人来欣赏别样景色的好去处，但是一定要注意安全，危险路段是很多的。

如果您想要追求刺激，想要证明自己的能力，在决定上路之前，可以找信得过的导游给您提提建议，或者自己在网上查阅资料和询问当地人，做好准备工作。这样才能有一个无忧快乐的旅行经历。

不管怎样，如果您遵守正规的旅游模式，那到时间一定要下山，这样才能真正发现一路上的快乐和趣味，那些从一上山到仙贝路的会心笑容。

清迈动物园
——止不住的快乐

在动物园里,您会看到每个来参观的人都笑容满面,心情愉快。这里有大熊、大象、马、河马,还有一些小动物。各种动物种类非常多,尤其是熊猫林滨一家子,最受欢迎。各种熊猫样式的小礼物,受到全泰国人民的喜爱。在周末和节假日,您还可能看到它们吃饱后一起散步的情形,当时就好想上去一把抱住啊。

想要进入动物园非常简单,园内每天上午 8:00 到下午 5:00 对外开放,游客还可以把车开进去,只需要收取 50 泰铢的费用。门票费大人 50 泰铢,小孩子只要 10 泰铢。摩托车要进去的话,只需要 10 泰铢。

熊猫馆开放时间是上午 9:00 到下午 4:00,需要单独收费,大人 50 泰铢,小孩 10 泰铢。

如果不是自己开车前来,可以乘坐园内的电车,去到动物园的各个地方,放心吧,开车的师傅一定会带大家游遍全场的。如果您想站在高处欣赏动物园,可以乘坐单轨电车过去。

咨询电话:053-221179,网址:www.chiangmaizoo.com

要是在多年前，人们一定不敢想象，在素贴山的山脚下，会有海底动物世界，各种海底动物像在海里一样惬意地游来游去。没想到现在，清迈真的有了海底动物馆，这个城市有山、有森林，随处都可见满眼的绿色植被，现在还有了海底隧道，可以尽情欣赏海底风情，而且这条隧道还是全世界最长的。

如果您来这里仅仅想看看海底的鱼儿游，我看还是别浪费钱了，海底世界的门票不算便宜，大人每人290泰铢，小孩每人190泰铢。为了让游客觉得值这个价，主办方专门设了海底动物科普馆和更多知识娱乐活动，人们在参观动物时，会发现到处

清迈北部海底世界

都有各种动物的介绍，让大家觉得既好玩又增长了知识。如果您也感兴趣，可以来清迈好好体验一番，海底馆每天上午9:00到下午6:00对外开放。

咨询电话：053-893111，053-893013-7
网址：www.chiangmaiaquarium.com

仙贝路冰淇淋店

这家店的冰淇淋又好吃又冰凉，让那些从素贴山下山和从清迈动物园出来的游客都愿意在这里歇歇脚，暂时消除旅途疲惫。

冰淇淋每杯20泰铢，酸奶每杯12泰铢。那种学生时代经常吃到的装在袋子里的纯牛奶、酸奶，还有各种口味的果汁，只要6泰铢一袋。

店里所有的原料都是经畜牧部门和农业部门检测后进货的，保证质量和新鲜。慢慢喝上一杯，等疲惫感减轻后再向下一站出发吧。

电话：053-221898

49

山旁的房屋
——在皇家技术学院旁边的巷子里

很多读者朋友们都是自己驾车来清迈旅行游玩,除了去一些已经非常有名气而且很多人去游玩的景点之外,也会"寻找"或者接触到一些新的旅游景点。

强烈推荐朋友们开车去皇家技术学院旁边的巷子里逛逛,这条巷子是一条大约4公里长的死胡同。

巷子里坐落着一些小小的社区,都非常静谧地散布在路两旁的树荫下,这些社区建在这里的时间已经非常久远,如果您去看了他们的生活状态,相信您也会憧憬着有一天能有像他们一样安宁的生活环境。

走到巷子的尽头就是一条上山的路,开着车慢慢地从巷子出来,然后您就会发现您又看到了清迈的另外一面。

清迈大学前门潮流市场

　　清迈大学前门的潮流市场，顾客群可不仅仅是学校学生，很多校外的年轻人也喜欢来这里淘东西，买些小礼物、衣服鞋子之类的。价格便宜，还可以和老板讲讲价，这些商店一般从傍晚营业到将近午夜。

　　凉季的时候到这里逛逛，可以更加感受这里的热闹氛围。年轻的学生们穿着各色衣服，一家家地逛街，身影被橘黄色的灯光照得闪闪烁烁，因为是露天的市场，习习的凉风吹在身上，所以并不觉得冷。这种舒服的体验很让人怀念，您一定会想着再去逛逛的。

马林广场
——纪念品和小吃市场

"今晚在哪儿吃饭？" 如果拿这个问题问清迈大学的学生，他们的回答绝对会是，马林广场。这是一个集合了各种风格、各种种类饭店的地方，泰国菜、中国菜、日本菜都有。饭店大大小小，从大的饭厅，比如有着好心兔子标志的日本餐厅，到只有几张桌子的小饭馆，生意都非常的好。

mugata 泰式火锅店，是个很大的涮肉店，您想要吃好的就不要怕被年轻人笑话。饭店又不会拒绝客人。在要去购物或者逛街之前，来这里大快朵颐一顿最是不错了。

泰式火锅店咨询电话：053-892111，084-650-8999
网址：www.malinplaza.com

吉安昌巷里的生活气息

从素贴山下山，在普康清迈酒店十字路口和林肯甜甜圈中间的左方，有一条很小的巷子。巷子紧挨着7-11超市，是一条可以看到吉安昌居民生活的小巷。

一进巷口就看见一个很大的生鲜市场，可以感受浓郁的生活气息。车子缓缓开过，再不久就能看到仙贝皇家科技学院。

街边杂乱的景象渐渐退去，在山脚下变成静谧的村庄。道路上的车辆很少，沿着公路往上走，就会看到"吉安昌瀑布"，连很多清迈人都不一定知道有这条小瀑布的存在。

开车再行两公里，您会发现山林中有一个童子军营地。这一趟清迈之旅最大的乐趣就是去了一个很少有人知道的地方。

古藤蔓地　清迈的一个典故

事实上藤蔓地没有鬼，没有谋杀，没有缅甸女人，没有村落，就是以前的一处自然风景旅游地。

如果您刚从素贴山下来，正在仙贝路上，想去这里真实感受一下，那您就直走到普当清迈酒店的十字路口，然后左转过灌溉渠，大概两公里后到一个三岔路口，再走大约200米就能看到一大片疯狂的藤蔓和树林。

这就是藤蔓地了，可惜只能在外围看看，因为这里受到政府管制。但也很不错了，又了解了清迈的一个重要地方。

| 切特由路
| 山迪体目巷
| 白象路　康迢市场

　　去过了素贴山，逛了仙贝路，如果您还没觉得累，或者时间还多，游玩的劲头还没过，还可以继续逛吃逛喝的话，可以去切特由路（chet-yot）路、山迪体目（shantitham）巷、白象路或者康迢市场。这几个地方离素贴山都不远，有着不一样的风情，这里有 waala 寺庙、博物馆、二手书市场等等。期待您的光临。

56 清迈小时光

切特由寺
皇家修道院

切特由（Chet-yot）寺是清迈很重要的一座寺庙，修建于孟莱王朝统治的公元 1477 年。当时的国王信奉佛教，就派了使节去往印度，学习制作佛像。使节在印度学到很多，最后成功学到制作技术，回到国内开始修建这座寺庙。

其中最有特色的一项技艺就是，制作精美的方塔。该寺庙一共有七座方形屋塔，很有古韵。而寺庙的粉刷技术完全传承印度佛陀伽耶大殿的风格，所以这座寺庙曾经也被称作大教堂寺。

很多东西现在只能在地方志中查得到了。人们习惯来这里为小孩求名字，来这里赎罪，供奉祖先，参拜大师，特别是维岑大师和东艮大师，有着非常多的虔诚的信徒。

切特由（Chet-yot）寺每天上午 6:00 到下午 6:00 对外开放。人们可以进入布施和参观。但是如果您想为两位大师做布施或者让他们起名字的话，那是需要很早就来排队的，因为他们下午三点之后就不再接待信徒。但是人们还是如潮水般地蜂拥而来，就为了见上两位大师一面。

咨询电话 053-221464，维岑大师联系方式 081-530-5334

清迈国家博物馆

距切特由寺庙不到100米，有一个能全面了解清迈从古至今历史的好地方，这就是清迈国家博物馆。

博物馆里展示着从古至今的各类用具、服饰、古代工具等等。在这里，您只需花上20泰铢，就可以感受古代人们的生活状态。

博物馆每周三到周日对外开放（9:00 - 17:00）
电话：053-221308

写真工作室

这个工作室承接各种工作，包括复印、照片压缩，出售相机、镜头和其他的配件。该店还对外承接各类会议和活动的拍摄，在清迈，绝对算得上新潮。

如果您来这个店，会感受到很舒服，店员非常友善，像朋友般亲切，大家都真心相待。大家都把自己看作是这里的一分子，像亲人一样给出好的建议。

这家店很好找，您在白象多侬市场的中心位置，走一会儿就能看到白象大门的十字路口，之后左转，直走大概300米，在一座小桥的前面，就能看到这个店了。

到了之后您就会知道，为什么这家店受到这么多清迈人的青睐，特别是学生的喜爱。学习摄影的学生，师兄师姐都会介绍来这家店买工具，享受这里的服务，就像当时他们也被师兄师姐介绍到这里一样。

电话：053-287148，053-287149，网址：www.photobugonline.com

拉玛9世皇家公园

一到夜晚，拉玛9世皇家公园旁边的游泳池就将迎来它的高潮。学生和上班族都喜欢聚集在这里，在农家饭店里吃东西喝酒，有着别样的享受。游泳池附近有大概三十家饭店，一般下午五点开门迎客，到午夜才关门。

年轻人会在这里举行歌唱比赛，可能比较吵闹，所以这里并不适合中年人和喜欢安静的人。但这里有一样让所有人都觉得很棒的东西，从各个店子里发出的五彩灯光如同闪烁的星星般照射在河面上，闪闪的灯光从这边照射到对面，这份美景整个清迈都非常少见。

白象通宵市场

这个地方是清迈本地人和游客都愿意早早腾空肚子，愿意整个夜晚就在各个美食店里流连的好去处。市场里的饭店很多，大多数下午五点开始营业，一直到午夜，也有一些是通宵营业的。

这里的很多饭店都备受大家喜爱，猪脚饭软糯而不腻，水煮蛋和着带皮的大蒜吃，再撒上辣辣的辣椒粉，别有一番风味。海鲜火锅店里，煮上一大锅满满的海鲜，或者小山雀大小的猪肉丸子煮熟之后蘸上酱汁再吃。还有很多卖各种小吃的手推车，沿街叫卖。如果您长胖了可不要怪作者哟，只怪这里的东西实在太好吃。

塔林市场

要想知道清迈最新的时尚，就来塔林市场吧。塔林市场已经有30多年历史，这里有很多潮流新品，很受年轻人喜爱。

对于那些不知道吃什么或者哪家店好的游客，可以坐上红色四轮车或者三轮嘟嘟车，让司机带您寻找美食。这些车从早上一直到晚八点都有。如果吃不惯泰北的特色菜，可以选择普通的泰国菜。如果您觉得吃厌了普通菜，想换换口味，泰北小吃有很多供您选择，比如泰北烤香肠、辣椒酱、炸猪皮等等，这些东西可是好吃又实惠哟。

塔林二手书市场

  如果您是一个书籍收集的爱好者，尤其是古书的话，那来清迈您是有福气了，塔林市场的第二层上面全是二手书店，这些店的开门时间和市场是一致的。

  不管是笑话书、卡通书、旧杂志，还是三十年过去了男人们还会谈起的有着漂亮女星封面的杂志，连关于传统葬礼的书都有，很多书现在已经很难找得到，是很有收藏价值的。

  这些二手书的价格很便宜，5泰铢起卖。下次来也不用一定跑去这里了，因为来过这里一次后，很多其他地方的商家都知道从这里进货，然后再回去卖个高价钱，嘿嘿。

古道寺

这座寺庙始建于兰纳时期,孟灿塔纳芒昆王朝时期接受乌巴拉大师的命令举兵进攻阿约提亚,但是兵败,于是就与楠塔布灵国王断绝关系,直到1613年死在清迈城。

芒春涛和阿奴差大师为其组织火葬礼,并修建缅甸建筑式的佛塔,也有说是葫芦形的塔,用来存放骨灰和在东竹园周围的圆寂僧人,这里也被叫做Welawan竹林寺庙或者Weluwan佛堂。

因为佛塔的形状不同于通常的佛塔形状,使得人们称它为Ku Tao Wiangbu寺,后来慢慢到现在就变成了"古道寺"。

如果您现在正在塔林市场,准备去往古道寺做布施,在清迈皇家大学的十字路口处右转,直走大概2公里,在快到博物馆的时候,会看到左边有一条巷子,往巷子的尽头走,就会看见这座寺庙坐落在三岔路口。每天早上7:30到下午6:00对外开放。

详询热线:053-211842

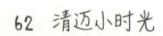

去清迈市运动场锻炼身体

来到清迈想锻炼身体,但是所在的酒店不提供,那就穿上一身舒适的运动装,带上足够的饭钱,再带上一大杯水,来清迈市运动场好好跑上几圈吧。运动场从早上7点到晚上9点对市民免费开放。

推荐您下午时分来这里,特别是凉季的下午,太阳刚要下山,微凉的清风拂过,吹散了一天的闷热。您在这里跑步,锻炼身体,碰到同来运动的陌生人,给彼此一个微笑,也不失为是一份难得的体验。

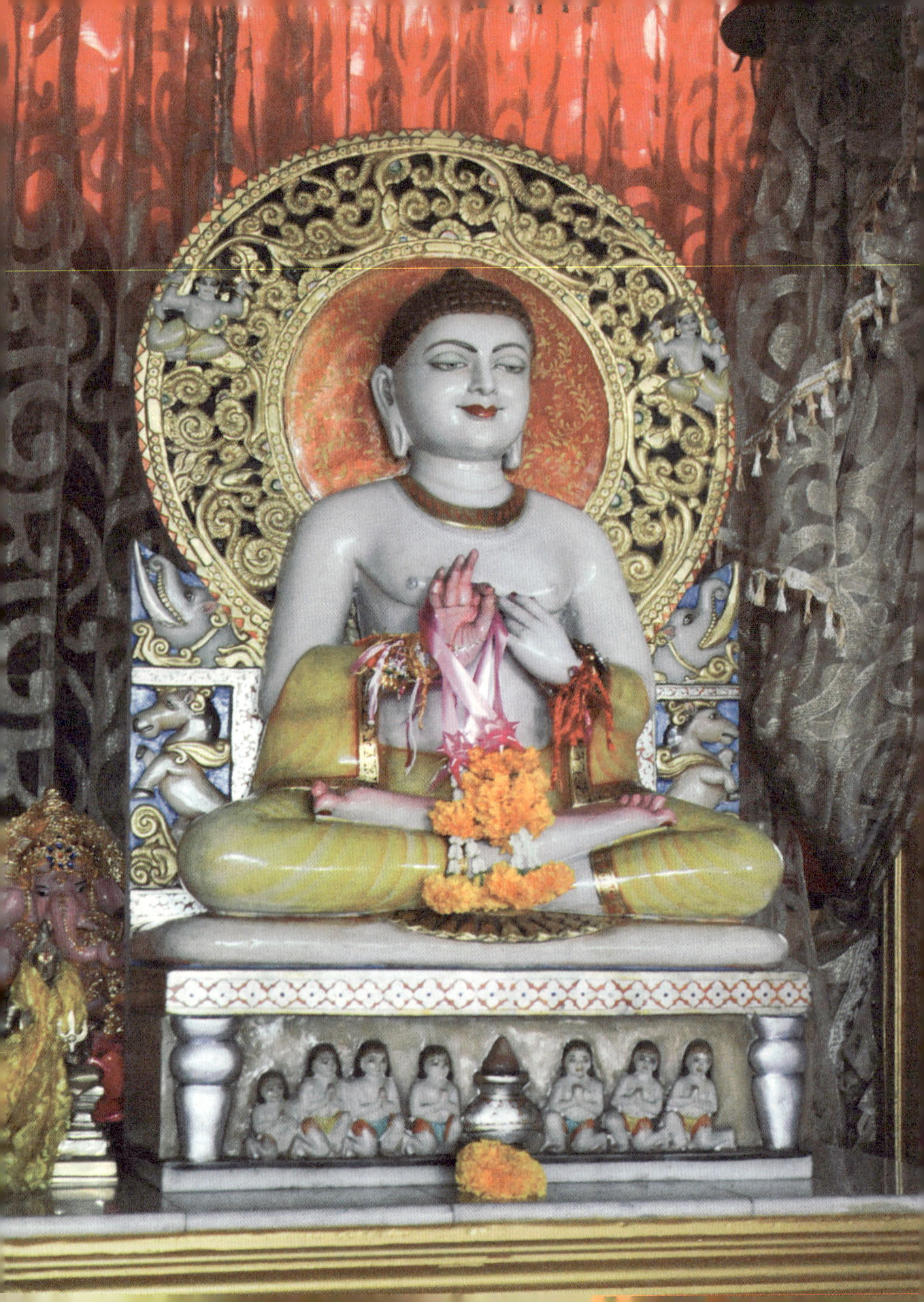

特木什寺

这是一座有着印度婆罗门风格的寺庙,是清迈重要的外来寺庙之一,位于清迈市运动场的对面不到50米的地方。很多人都认为这座寺庙不对外开放,因为它总是大门紧闭。

实际上只要进去就会发现,有专门供奉佛祖祭祀的道路。这里有很多佛像,比如舍瓦大师像、吴瓦缇伟仙女像等等。

每尊佛像都有特别之处,它们的美妙也各有不同。因为此座寺庙由印度传入,所以整个庙宇中飘满檀香味。这种香味能让人心灵安静,满是惬意,给人们带来吉祥。

每天都可以前来祭拜求福,上午6:30—12:00 下午3:00—7:30

门票全免,但进入寺庙一定要注意,男性不能穿短裤,女性不能穿背心,穿着要适当得体。

电话:053-226151

吉吉手工艺市场和夜市

如果您是一位喜欢收藏古董的玩家，从当下最流行的复古物品、各种手工皂、牙膏、婴儿爽身粉，到老式灯具、20世纪六七十年代的家具，不需要到Prinsroyyan学校后面的跳蚤市场，这里每个星期六傍晚都会开放。

您还可以来吉吉（Jeje）古玩市场尽情欣赏或者搜罗您喜欢的古玩，在Jeje古玩市场对面还有一家Jeje Hobby手工艺品市场，开放时间从每天傍晚一直到深夜11点。

或者继续开车到旁边的一条巷子，这里是午市，开放时间从早上的7点钟一直到晚上6点。在莲花超市的后面，身心放松，一边走一边欣赏路旁的树木、鲜花、观赏鱼、非常可爱的宠物以及有众神像的护身佛牌。如果您看累了或者肚子饿了，在莲花超市对面就能找到您想要的各种美味。

详询热线：053-231520-5

66 清迈小时光

吉吉市场
（白天逛纪念品　晚上娱乐消遣）

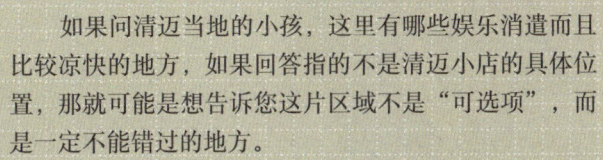

　　如果问清迈当地的小孩，这里有哪些娱乐消遣而且比较凉快的地方，如果回答指的不是清迈小店的具体位置，那就可能是想告诉您这片区域不是"可选项"，而是一定不能错过的地方。

　　尽管两边的市场都会在白天开放，吉吉（Jeje）市场这边主要是手工艺品店，里面的工艺品制作和设计都非常精美，而Jeje Hobby市场这边的情况就和前面介绍过的一样。

　　每当夜幕降临，青少年学生、上班族就会聚集在这里，一共有20多家店供您挑选。它们一直营业到午夜，其中有些店甚至到凌晨2点，但是您一定要是满了18岁的成年人。还有就是不能酒驾，因为经常会有警察来检查，也是为了游客们的人身安全着想。

67

如果您来清迈旅游是为了弄清楚生活的真谛,但是您已经厌倦了夜晚出去娱乐消遣,觉得非常浪费时间,那么您可以从另一个角度来看清迈,真实的清迈的另一重要方面可以从外来人口中体现。城市化使越来越多的外来人员看到了生活的希望。

另一个角度看清迈
——缅甸人和大泰族务工人员眼中的清迈

每天早上,在清迈皇家大学后面的那个十字路口,您都可以从 jeje 市场娱乐区的那条街上看到数以百计的大泰族务工人员。他们顶着日晒雨淋,以低于雇泰国人的薪水优势,不断地向雇主推销着自己,希望自己能被雇主雇去做工。这能让您更真实地从另一个角度看待清迈,也许会使您对心目中的清迈的看法有所改变。

68 清迈小时光

清迈城中心游玩

清迈是一座拥有历史韵味和宗教特色的城市。您会发现，这座城市的各个角落都分布着大大小小的寺庙。

古迹可以反映出历史，这其中就包括兰纳时代人们的习俗、兰纳王的故事，以及多处至今仍保存完好的古建筑。

建议大家游玩时可选择步行、脚踏车或者是摩托车，在城池护城河的四周的四个要塞：卡丹、固衡、华林、西蓬，一起去探寻清迈古城的辉煌过去，感受它的迷人之处吧。

70 清迈小时光

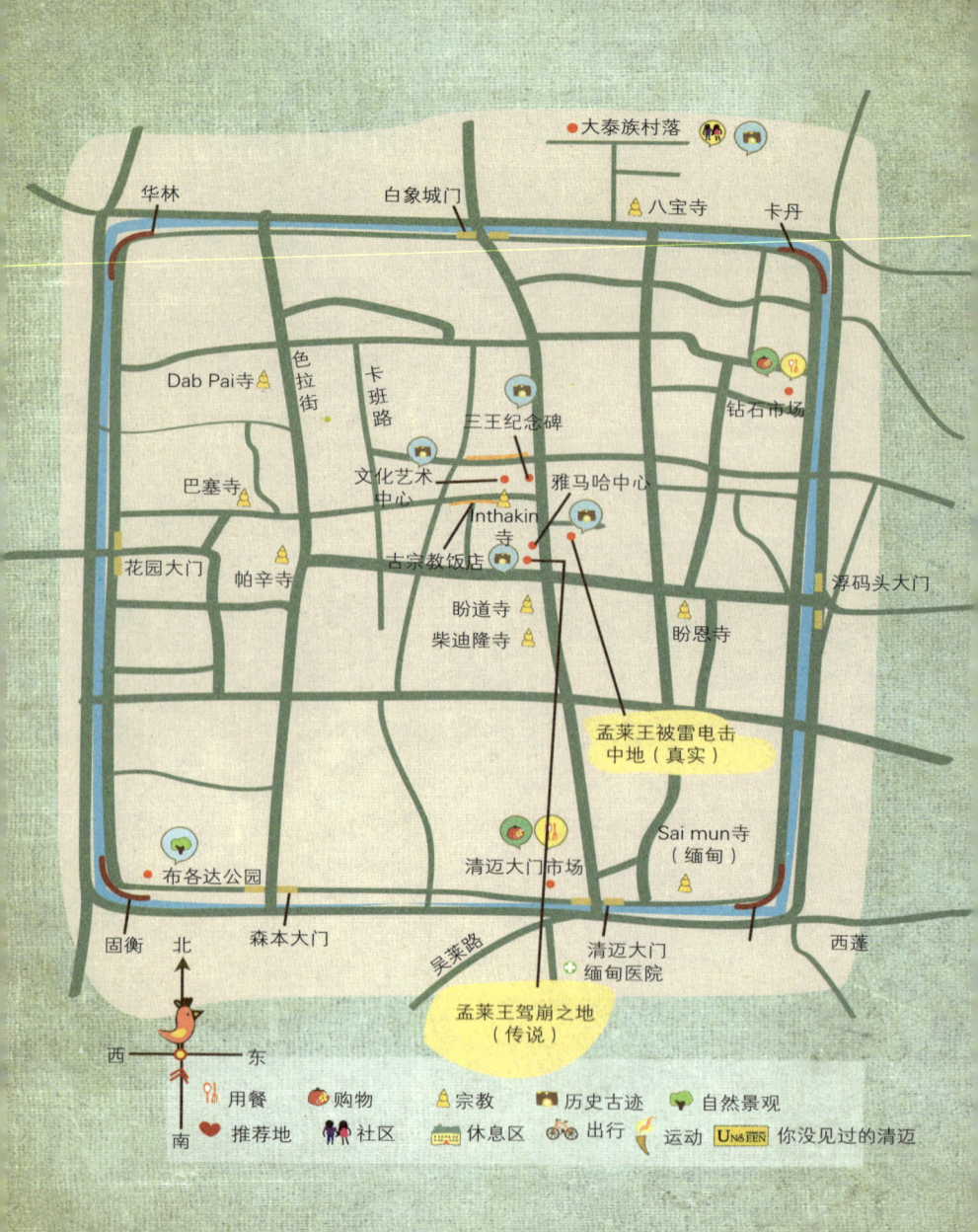

三王纪念碑

　　三王纪念碑是清迈城市中心的标志建筑，可以徒步观赏，也可以骑自行车去景区的各个地方，但是来了之后千万别忘了参拜一下三王，三位分别是清莱孟莱王、素可泰兰甘亨大帝、帕夭南蒙王，他们在现今清迈的疆土上不断发展壮大，逐步建立起了兰纳王朝。

　　对很多人而言，这里是"十分特别之地"，在厌倦了周遭的日常琐碎和经历了种种不顺心，抑或是想一个人安静地待着的时候，都会来这里坐坐。

　　大多数人会选择晚上的时候去仰慕三王，这里允许人们坐在广场上放松身心，让思绪随着那缕缕晚风飘向远方。

　　抬头仰望漆黑的天空，看不见一颗星星，就像看不到暗淡人生的希望出口一样。

　　但是至少这块小小的空地能使人感到放松，同时也能让人在应对各种问题的时候变得自信起来，非常想让带着疲惫而低落的心来清迈旅行的读者朋友们，让自己像清迈当地人一样去感受这里，不要超过晚上十点，九点刚刚好，哪怕仅仅是去三王纪念碑前站一会儿或是坐一会儿，您也会觉得舒服很多。

清迈文化艺术馆

从三王纪念碑后面挨着过去，您会发现一排古老的栅栏，里面是一栋老式建筑，原本是从尕维略舍立文时代继承下来的遗产。

当到了达拉刺刹弥时代，就慢慢地把这里变成了政府公署或者政府的办事处。

直到公元1996年，清迈府公署才搬迁到现在的位置，后来清迈市政府就把这里改造成了艺术文化馆，以便让人们更好地了解兰纳族人的历史、由来，以及清迈人民在不同时代的生活。

通过艺术文化馆内定期循环的展览能使您更好地了解这里，入馆门票只需20泰铢，每周周二至周日8:30—17:00开放。

详询热线：053-21779，053-219833，网址：www.chiangmaicitymuseum.com

三王纪念碑旁老饭店推荐

尽管清迈府公署从市中心搬迁至Chotana路已经15年了，但是人们并没有放弃到艺术文化馆这条街上用餐，这里的传统老饭店超过十家以上。

不管是干净卫生的豆腐面馆、美味可口的鸡油饭，还是传统的椰子冰激凌，都是清迈最吸引人的味道，不管是谁来吃了都会难以忘记。

详询热线：053-213959

清迈的中心——国柱寺

如果读者朋友们在清迈艺术文化馆的南面,或者是在清迈府公署旧址那条用餐街的边上,您就会看见因他肯寺庙,看起来有点奇怪的是,寺庙的占地范围已经延伸到了街道上。

孟莱王在统治疆域的中心点,也叫做城市的"肚子"修建了这座国柱寺,是为了安置国柱用的,由君主或是高僧作为寺庙的住持。这座寺庙曾经两次被遗弃,第一次是缅甸入侵清迈的时候,第二次是被曼谷王朝吞并的时候,所以这座寺庙对于研究兰纳王朝的历史具有非常高的价值。

详询热线:053-416424,053-416425

孟莱王被雷电击中的驾崩之地

  当读者朋友们从三王纪念碑向南走大约300米到达十字路口时,就会看见为缅怀孟莱王而修建的一座寺庙。公元1311年,孟莱王在这里被雷电击中而死,享年72岁。

  而事实上这只是一个纪念的寺庙,因为现今已很难去考证孟莱王真正的驾崩之地的真实位置,因为当时被雷电击中时,孟莱王正在城中一处地方巡视,所以并没有太多人知道,包括清迈人也一样。幸运的是当地政府有心记录这次历史事件,所以就修建了孟莱王寺庙以供大家祭拜。寺庙开放时间从早上9:00到下午5:00,这座寺庙就在雅马哈中心附近,跟着指路牌非常容易找到。

清曼寺

清曼寺是于公元1296年清迈建城时,在孟莱王的领导下修建的第一座皇家寺庙。

清曼寺和其他寺庙相比较起来,非常突出的特点是有一座由16只大象托起来的佛塔,而且清曼寺的佛堂修建得金碧辉煌。

最主要的是这座寺庙是用来供奉 Phra Sea Tang Khamani 佛像(或称水晶佛像)和另一座大理石浅浮雕佛像,被当作是兰纳永恒的历史。清迈人民都为之感到非常的自豪。

详询热线:053-213170,053-418225

帕辛寺

这座古老的皇家寺庙，原名理清寺，由帕夭王于1345年兴建，后来兰纳国王将古老神圣的芮信(Phra Sihing)佛像供奉于神殿之内，相传来自斯里兰卡。由于兰纳人民习惯把芮信佛像称作帕辛佛像，所以就把寺庙的名字改成了帕辛寺。

公元1795年，正值曼谷王朝拉玛一世帕佛陀约华朱拉洛(P'ra P'utt'a Yot Fa Chulalok)统治时期，当时，由他下令将帕辛佛像迁到了曼谷皇家Phuttaisawan神殿将其供奉。

至于现今供奉在清迈帕辛寺的帕辛佛像，虽然只是曼谷帕辛佛像的复制品，却依然是清迈人民的信奉之地，因为它所宣扬的信仰、佛经教义从未改变。

详询热线：053-275139，053-273703，053-814725

巴塞寺

这座寺庙约于公元1492年修建，正处于兰纳王朝的鼎盛时期。不管是像白马寺一样结构的佛堂，还是供奉佛像的佛亭上，满是壁画的寺墙，巴塞寺都具有鲜明的兰纳时期建筑风格。这座寺庙是当今保存完好的几座古寺之一，具有难以估量的价值。

详询热线：053-217474

柴迪隆寺

作为清迈地位崇高的古老寺庙之一的柴迪隆寺,由兰纳王国兴建于公元1385—1402年,并将寺庙取名为洛提卡拉寺,译为繁荣辉煌的皇家寺庙。原本打算将佛塔规模修建成高80米,宽为60米的正方形底座,用于存放他父亲的遗骨以及佛陀舍利,但是佛塔还没建完兰纳国王就去世了,后由提洛卡拉王继续修建完成。其高达80米的大佛塔更使得洛提卡拉寺声名远扬,由于"柴迪隆"在泰文中的意思是"大塔",所以人们逐渐把洛提卡拉寺叫作"柴迪隆寺"。

约公元1545年,大佛塔毁于Jiraprapa国王统治时期的一次地震,此后一直荒废了400多年,直到公元1880年,统治清迈的第七位国王Intavitchayanontha开始下令修葺柴迪隆寺,直到清迈的最后一位国王Kaewnawarat时期才将寺庙修葺完毕,也就是今天我们所看到的柴迪隆寺。

详询热线:053-248604,053-248607

盼道寺

盼道寺约兴建于公元1497年，和柴迪隆寺一样也是一座古老的寺庙。"phan tao"一词源自兰纳语，意思是"1000个火炉"；而在泰语中"phan tao"一词作为寺庙名称，有着吉祥之意，意思就是"增加千倍"。

这座寺庙最重要的价值在于，它的佛殿原本是 Mahotara Prateth 国王的寝宫，后来王子 Inthawichayanon 登基，按照兰纳传统新王登基时要挑选一座寺庙捐造一座新的佛殿，所以国王 Inthawichayanon 把王宫中的一座柚木寝宫移建到了这里。寺庙主殿全部用珍贵柚木建造，大殿正门上方有着精美的木雕。

盼道寺可以说是兰纳王朝遗留下的唯一一件艺术瑰宝。随着时间的流逝，人们的生活方式也在不断地改变并前进着。

盼恩寺

据猜测这座寺庙是根据建庙者的官衔"phan"而命名的,约建于公元 1501 年,由国王 Phra Muang Kaeo 执政时期所建。

然而"盼恩寺(Wat Phan On)"使人听了都会感到别扭,其实这是因为建庙者的名字叫"On",人们为了表达对建庙者的尊重,所以就把寺庙的名字叫做"盼恩寺(Wat Phan On)"。盼恩寺算得上是清迈的又一座古老的寺庙。

详询热线:053-278418

达帕寺

这座寺庙位于 Sipoom 镇的 Singharat 路上，据推测约建于公元 1577 年，源于国王所供奉的 Dabpai 大师佛像的神话传说。

当时 Apai 王子病倒了，怎么治都治不好，他就向 Dabpai 大师祈愿，希望自己远离病痛早日病愈，结果就奇迹般的痊愈了。

Apai 王子就把 Dabpai 大师佛像迁到了这座寺庙里供奉起来，这就是达帕（Dabpai）寺庙的由来。因为这个庙名有消灾解难之意，所以很多清迈人和游客都会慕名前来跪拜，他们一般会先去达帕寺庙做功德布施祈求好运，然后到 Duangdee 寺庙参观。

详询热线：053-222964

洛蒙里寺

据推测，这座寺庙约建于公元1528年，在Geegena王朝统治时期，一百多年以来都被废弃在清迈护城河外面的Maneen Nopparat路旁。

公元2001年，清迈的佛教协会决议请清迈素贴山双龙寺的住持延松坡理大师作为重建修葺洛蒙里寺的领头人，希望能让洛蒙里寺回到人们的生活中，有僧侣常住。特别是守夏节期间，会有很多信徒前来布施做功德等。他们把佛塔、大殿、佛堂的样式都建成了古兰纳时代的风格，看起来非常的耀眼夺目，而且寺庙的信仰度非常高。

这座寺庙之所以在全世界有着很高的知名度，是因为几年前公映的泰国电影《苏丽瑶泰》。这部电影曾讲到兰纳王国的Jiraprapa王后，她和洛蒙里寺以及阿育陀耶城有着千丝万缕的联系。

塞目寺（缅甸）

在清迈城里，有两座塞目（Wat Sai Mun）寺庙，一座叫塞目（Wat Sai Mun）寺（泰国），就是泰国人信奉的寺庙；而另一座叫塞目（Wat Sai Mun）寺（缅甸），或者叫原名 Wat Mun Man 寺、Wat Sai Mun Man 寺，是缅甸人信奉的寺庙。

从塞目（Wat Sai Mun）寺住持 Wuasapanali 那里得到的资料推测，这座寺庙大约兴建于莽应龙（Bayinnaung）即 Thammikarat 国王执政时期，当时委任军队统帅 Jamsang 作为修建寺庙的指挥者。

但是从塞目（Wat Sai Mun）寺（缅甸）修建的位置和当时缅甸人在清迈聚居的区域（直到国王 Inthawichayanon 执政期间）来分析，这座寺庙兴建于第五世期间的说法，其可能性要大于 Thammikarat 国王执政时期的说法。

不管怎样，这座寺庙保存着非常值得大家信奉的东西，比如缅甸式佛像、14 世纪缅甸风格排列的佛塔，都保存得非常精美完整。

详询热线：053-278964

八宝寺

这座寺庙位于离 Sri Poom 路非常近的 Manee Nopparat 路上,是泰族在清迈建的第一座寺庙。据推测,这个寺庙名称"八宝寺(Wat Papao)"的由来是因为这片区域有非常多的 pao 树林。

八宝寺(Wat Papao)是清迈唯一一座把缅甸和泰族的风俗文化都表现得淋漓尽致的寺庙。

不管是 Chetawan 式佛堂还是 Weluwan 式佛堂,或是大殿内的主佛像,都源自于缅甸风格,叫做登步伦宽佛像。八宝寺内的佛塔风格受到缅甸南部少数民族孟族文化的影响,可以说连清迈人都不是很了解。

八宝寺后面的大泰族聚集村寨

这可以称作是清迈另一个值得关注的地方,因为很多清迈本地人也没有去参观游览过,更没有想到要去触碰探索隐藏在八宝寺(Wat Papao)背后巷子里的另一种文化。只要您从寺庙旁边的门走出来,您就会看见一家专门为大泰族看病的诊所,都说医术很好。在这个村寨中,您可以试听和挑选大泰族歌曲的CD,作为礼物带给家里的工人和佣人,都会留下非常好的印象。您也可以参观游览大泰族村寨(不用走很远,半个小时就可以游览完毕),自驾来的朋友们可以把车开到八宝寺的寺院里停放,开放时间:7:00—18:00,然后从旁边或是后面的门走到大泰族的村子。如果您需要看手相或问星座,大泰族的占卜大师们将会为您提供便利的服务。

再往巷子的深处走去,就会遇到大泰族开的杂货店,非常安静却又叫人忍不住想要一探究竟。商品整齐地放在篮子里,多得使人目不暇接,有各种调味料、咖啡、零食点心。强烈推荐这里的缅甸牌凉拌方便面,十铢一包,自己买回家做起来也很简单方便。就连大泰族少女们穿的民族服装这里也有售卖,想必这次的清迈之旅一定会让您收获颇丰。

这是清迈另一个时代久远的市场，号称"不夜城"，因为这是一个 24 小时都营业的市场，这里除了商店搬迁和商店老板变换之外，每个店都会在同一时间开张营业。

从早到晚，这里都有价廉物美的食物和商品供您挑选，包括供奉佛祖所需的鲜花，在此推荐永城香肠、南奔府刀卡农北方饭店清迈分店、麦姆哥丸子串儿，酱汁美味极了。

钻石市场

如果您是在深夜感到饿了，或是在去 jeje 市场闲逛之前需要补充能量，可以去试试太空丸子米线、美味的秘制豆浆。或者您也可以选择走到街对面去，街对面是一连串儿热闹繁华的店铺，是清迈唯一一处通宵营业的地方，您将对这里的印象非常深刻，一定会和您来过的清迈城有所不一样。

浮码头

这里是泰国古老的商业区。从前英国和缅甸的富人垄断了泰国北部的木材生意，就是从这里的码头运货出去的。工人们把树木砍倒，装好，用大象拉运出山码在河边，等到堆积多了之后，就把大量扎好的木材用船顺着河道漂流出去。因此这个码头就被人们称作浮码头。这条河道上经常可以看到蝎尾船、运货的筏子等运输工具。

西
南
北
东
去往浮码头大门
浮码头2巷
Chai-Mongkoi寺
圣方寺
莫以象新街
白族商业区
新区市场
浮码头宾馆
米粉店
温范斯酒店
关羽庙
周家胡同
义卖会
阿布坤寺
皇家市场
龙眼树市场
树木市场
邮政博物馆
高德祠
宾河
纪念
大桥
停车场（可以
望见漂亮风光）
用餐
购物
宗教
历史古迹
自然景观
推荐地
社区
休息区
出行
运动
UNSEEN
你没见过的清迈

纳瓦纳特桥

这座桥以纳瓦纳特王命名。纳瓦纳特王是清迈的最后一任王。这座桥是连接宾河东西两岸的重要交通枢纽，也是通过此桥，河对岸的富庶被带过来。从传教士带着各种牛啊马啊来到这里传教开始，到后来建起了火车站，清迈的变化越来越明显。

吾巴胡特寺

这座寺庙里安置着吾巴胡特（Upakhut）佛像，在历史上有着重要的意义。它与古老的兰纳民族举行午夜绕寺游行活动有很大关联。

吾巴胡特（Upakhut）佛在每一个15号的星期三午夜乔装成和尚或者沙弥，让信徒们前来施斋，信徒们虽然不知道施斋的对象就是吾巴胡特（Upakhut）佛，但是对其施斋可以给家人带来好运。

这一天的晚上11点左右，各家的信徒就开始从家里出发，等待着午夜开始的施斋活动。长长的游行队伍从浮码头路一直排到周家胡同……这是一个非常热闹盛大的节日。

详询热线：053-275874，053-818285

圣方寺

很显著的缅甸风格的寺庙。修建在AIS楼的十字路口附近。传说这座寺庙是兰纳王King Saen Foo建造的,用来埋藏他的财产,"Saen"是他的名字,"Fang"是埋的意思,所以给这座寺庙起名为"圣方(Saen Fang)寺"。寺里保存有兰纳时期的寺院和缅甸很漂亮的大金塔。

详询电话:053-234393

百年皇家市场

很多来过清迈的游客或者清迈本地人,都知道皇家市场,并且在这里买过东西。

但很少有人知道,皇家市场建于1910年,距今已有百年历史,是在达娜纳米公主和清迈统治者英托诺王的资助下修建的。当时住在这里的住户住房进行了拆除和搬迁,搬移至花园寺。当时的市场位置也进行了扩建,修建成了当时最大的市场,取名为"瓦洛市场",以保证能迎合一天比一天繁荣的经济势头。

2010 年时，这个市场已经建成 100 年，当时举行了盛大的庆祝仪式。商店老板的儿子们还联合举行了一个"盛大市场"的展览会，以让人们更加喜欢和重视这个市场。

93

您可以按照当地人的习惯来逛逛这个市场,每天从凌晨五点开始,一直到晚上,这里都是人声鼎沸,热闹非凡,这是在其他任何一个市场都无法比拟的盛况。

不管是市场底层喧闹的米粉店,还是需要排队购买的辣椒酱、泰式香肠,或者香味扑鼻的维夫饼干,各种吃的用的,各类大小物件,都可以在这里讨价还价,让您最终买到称心如意的商品。

可惜还是有很多人并不知道皇家市场里有很多隐藏着的好东西,只有少许人会知道第三层的阁楼上有很多饭店,阳光从

天瓦中和旁边的基督教堂里射过来，很有不一样的感觉。

除此之外，市场北面甲板上有一个很大的塔，是由 Ninmanheamin 教授设计的。他去国外旅游时看到一个塔，因此有了灵感，回国后就在这里建了这个六层楼高的大型塔。周末会有乐队来这儿练习，也有专门为上来观景的游客提供水、零食和牛奶等等的商贩。

可惜的是这座塔在几十年前就已经关闭了。市场管理者的理由是为了能更有序地进行管理。

除了已成为历史的阁楼饭店和可以观景的塔楼，还有一个看不到的有关于市场人们的灵魂和信仰的地方——有着一百多年历史的象头神社。这座神社坐落在塔顶的阳台上，修建于 1886 年。很多在市场做生意的人都不知道有这座神社的存在。

这座神社虽然在阳台，但是受到管制，如果您要上去参拜，必须获得皇家市场二楼清迈商会的许可。

周家胡同　巷子深处的魅力

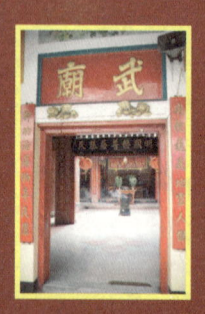

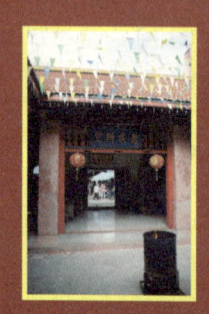

这是连接浮码头路到皇家市场的一个重要的胡同。以前这里并不是胡同，而曾经是市场的一部分。后来市场扩建，就把这里打造成了一条旅游街，取名为周家胡同。周有神社的意思，还因为这里有关羽庙，关羽是中国人的神灵，这个庙是由皇家市场的中国商人在很早以前修建的。

整个胡同长约300米，两边有很多商铺，以卖当地特色服饰和刺绣为最。

胡同中间有向东的分路，是很窄的一个巷子，主要卖一些山区民族的衣服、头绳等，都是些私人买卖，可以讲价。

除此之外，巷子边有卖小吃的摊贩，摊位很小，卖的东西却很好吃。最好的就是米粉香肠店。卖香肠的大妈把摊摆在关羽庙旁边，她家的香肠和别处的完全不一样，全清迈就只有两家。每串只要20泰铢，味道很特别。如果要买，需在早八点到傍晚这段时间，因为货卖得很快。可以电话

联系080-124-0656。

在周家胡同,还有一家米粉店可以算是清迈一大特色,卖了四十多年了,现在搬到了胡同最里面的位置。这家店是作者我从小吃到大的,最喜欢夹一大块酿豆腐和着米粉放进嘴里的感觉,那种熟悉的美味是在其他任何地方都没有的。

每次来这里的生意都爆好,座位都不好找。来这里的人都习惯性看看挂在墙上的大龙虾,挂在这里很久了,成了店子的一大特色。下一次来皇家市场时,不妨多走几步,来尝尝这家的米粉。一定要早点来,早上八点开门,一般下午两点左右就卖光了,来晚了可就没得吃哟。

详询电话: 053-233613

98 清迈小时光

龙眼树市场

龙眼树市场就像皇家市场的兄弟一般，它们修建的时间很接近，这个市场分为两个区域。

紧挨着宾河的片区很热闹，整个市场从头到尾都是人。这里也是清迈最大的树木交易市场，有各种热带和温带树木。这些树木在市场两边出售，基本上是通宵营业。

再来到宾河的北岸，有很多等客的红色四轮车停放在这儿。市场的最外面是卖各种新鲜水果的，都是从山上或者果园里摘下来的当季水果。

市场的最后边是商店，卖着五花八门的货品。但当晚上这些大的商店都关门后，会有一些卖米粉或小吃的摊贩来摆摊，而且他们的照明设备都用的是原始的蜡烛，烛光中的美味似乎又有别样的氛围。

最特别的是这个市场的停车场，在晚上的时候从这里望下去，会有一种您从来没有体验过的新鲜感，您会看到清迈河边的另一种风景。

新城市场

这是清迈另一个重要的市场，有着不输于皇家市场和龙眼树市场的魅力。您最好是晚上来，这时候商贩会拉很多新鲜水果在路边卖，价格尤其便宜。

进入市场，会看到很多新鲜的美食摊，在月色的映照下叫卖着。这个市场给清迈人们的经济带来了富庶，让这里的人们生活得更加舒适和温暖。

詹森纪念桥

晚上的您可能很疲惫，丧气。这时候您希望一个人出去走走，放空心灵，看看夜色朦胧中各色人们的生活。

如果您独自一人来清迈，爱人在家没能陪您。夜晚时分，您突然想找个清静地方给他打个电话，聊聊这里的开心事或者排解寂寞的心情，来詹森纪念桥吧，河边的凉风拂面而来，从桥上可以看到对面的龙眼树市场，这不失为一个放松心情的好去处。

这家多年的药店，用它的西药和兰纳土药，救治了不少人。这里有很多当地药材，是这家店的一大特色，不管是祛风散、祛风药，还是保健类药品，价格都很便宜，并且效果很好，没有副作用，特别适合老年人使用。

　　要不然这家药店也不可能开了百多年，每天这里还有煮好的营养药汁，放在店门口提供给顾客，每份只需要5泰铢。

　　这家药店的地址在一个十字路口旁，离AIS仅两百米的距离。来清迈的时候，为家里的老人带些好药作为礼物，应该比带辣椒酱、炸猪皮之类的东西更有意义吧。

　　详询电话：053-282297

萨拉蒙药店

布普哈拉姆寺

这座寺庙坐落于经过 Wat Saen Fang 十字路口约 100 米的地方。始建于圣洛纳君王时期,所以这一地区也是皇家公园。

当君王驾崩以后,这座公园就成为了皇家遗产传给了布普哈拉姆(Buppharam)国王或者说是 Kaew 城 Mengrai 王朝的第 13 世皇帝,于是皇帝命人于 1495 年修建了这座布普哈拉姆(Buppharam)寺庙。

寺庙内部建筑非常具有价值,包括藏经宫殿,整座建筑都是兰纳艺术家们用柚木建造而成,用来作为藏经阁珍藏兰纳镶金和贝壳版的经书。

佛塔保存头发和圆寂的佛,包括一座年龄不低于 300 年的小佛堂。

昌坎地区
国家富庶之地
繁荣的东差区

昌坎镇位于宾河的西边，是一个可能被很多旅游者忽略的地方，但其实这里有着很多美丽的东西等待着被发现，特别是这里人们的不同文化习俗和种族。这里有从周边各国迁来的宗教信徒，有穆斯林、基督徒等。不如来这里体验一次吧，相信您的旅程一定大有不同。

斯里兰卡米粉店

去往玛希隆路

农合以市场

双龙寺

莲花仙子宫殿

可林多盈酒店

茶叶协会

椰林寺

孟莱糯米饭

伊斯兰水吧

伊斯兰菜馆

伊斯兰清真寺

家乐福炸鸡店

清迈地

鹊肾树下的牛肉串店

蒙波小学

布达文酒店

一点心屋

外来墓园

旧楼电站

素丽全科米粉店

印记酒店

高尔夫球场

东京粥店

暹罗忠诚医院

通往学校的大桥

三明治之家

购书中心

Kawilg罗拉大师纪念碑

宁塔方便面店

宁那学校

夜烤鸡

小吃店

撒德差寺

Kawilg营地

米粉店
柴蒙格寺

Plaza酒店
曾经的阳光电影院

勇坤泰或米粉店

二手书店

胖姐刨冰店

Paintip商场

南

40年的古民居
钢铁大桥

麦当劳

东 — 西

购物中心

清真寺

夜卡溪

北

大泰族市场

州长官邸

Upakhut寺

浮码头街

萨拉蒙药店

维古帕里包子店

那文桥

佛教圣地
去往皇家市场

浮码头宾馆

圣方寺

河边美景

阿红稀饭店

图例：
- 用餐
- 购物
- 宗教
- 历史古迹
- 自然景观
- 推荐地
- 社区
- 休息区
- 出行
- UNSEEN 你没见过的清迈

| 咖啡馆 |

当天凌晨五点半，就有很多大人和老人们坐在这家咖啡馆里喝咖啡。这家店开在学校旁边，人们习惯来这里坐坐，聊家常，回忆过去。烫鸡蛋羹的香味从厨房中飘过来，真是不错的早点搭配。一杯鸡蛋羹只需要10泰铢而已。您也可以选择一碗粥作为早点，也是10泰铢一碗。最后再来一个好吃的印度煎饼，满足了。

在这里，您会感受温馨的氛围。当然，也有很多时候一早会有一场大雨，整个空气都变得凉爽。其次，还可以听到镇子里的清真寺通过广播传出的朝拜声。

这里有着舒适慢节奏的生活方式。真诚邀请大家前来体验。

详询电话：053-204352

| 阿红印度煎饼店 |

除了咖啡店，学校旁边还有一家印度煎饼店，是当地的穆斯林日常生活中很享受的一个地方。他们在这里举行小型聚会、聊天、讨论教义等。

在这里，您可以悠闲地吃个早点，享受美食。因为这家店子每天营业16个小时，从凌晨五点到晚上九点，一直会开门营业。如果碰到斋月，那更是凌晨三点就开门，直到晚上十点。

详询电话：086-184-0897

三明治店

　　这家味道正宗的三明治店，受到学校老师及学生的热捧。店子开在富裕路上，在蒙特堡小学和圣心小学中间。

　　店老板在手艺制作上很是讲究，选用上等原料，每天使用新鲜的面粉和牛奶，还有多种口味，有金枪鱼的、螃蟹的、火腿的等等，整齐地摆放在门口橱柜的篮子里。

　　这里的三明治味道好，还便宜，从16泰铢到30泰铢不等。店子早上八点开门，大家不妨来尝尝看，但必须在下午两点之前光顾，因为三明治卖得很快，来晚了就吃不到了。对了，差点忘了，这家店每周日是要关门休息的哟。

　　详询电话：081-681-0717

永远的炒方便面店

　　这是整个清迈府享誉全城的炒方便面店,地址在里易晨小学的校门口,每周一至周五从早上六点半到晚上七点半营业,周末会晚半个小时开门。

　　这里是学生、老师们每天都会光顾的饭店。很多知道这家店的人都是因为已经尝过它的美味了。

　　用拌了肉末馅的方便面,加上鸡蛋,炒出不一样的味道,鸡蛋均匀地分布在每根面条上,既不会太松散也不至于炒得太老,再挤上一点青柠檬汁,其余什么调料都不需要,就构成了一盘美味佳肴。所以这家店被大伙儿称为永远的炒方便面店。

　　如果您不喜欢方便面,其他任何一个菜品都不输于它。只是炒方便面这一样,就让这家店在这里屹立不倒几十年了。

　　详询电话:053-820534

克伦辣椒猪肉米粉店

　　这家克伦辣椒米粉店每天只营业四个小时,从上午十点到下午两点,但可以称得上是全清迈甚至全泰国最好吃的米粉店。它使用的辣椒与您曾经吃过的绝不一样。

　　用一碗酸酸辣辣的冬阴功汤做底料,放一些炸得酥酥脆脆的猪皮进去,咬上一口,油而不腻,整个味道辣得够劲,很爽。另外一道必不可少的美食是蘸了克伦辣酱的滑肉。当然,如果您不喜欢吃辣,可以点一碗带汤的普通米粉,不管粗细都很好吃。

　　详询电话:053-272281

胖姐刨冰店

如果您曾经来过这家店,那这里清凉的美食一定已经成为您记忆中的美好味道。胖姐和她的后代已经成为全国做刨冰的顶级人物。

刨冰里面用软糯可口的马蹄粉做原料,然后加入石榴、柔软鲜嫩的椰肉,再倒一些润喉的浓郁椰子浆。如果想尝更好的味道,这里还有粉红色加绿色混合的甜糕,也是用米粉、糖水和椰浆做成的。这两样搭配着吃,冰冰凉凉的,是消暑的必备之选。

实际上胖姐刨冰店还卖米粉和点餐,特别是细米粉和肉丸面条,很好吃的。当然,还有只能在泰国吃得到的芒果糯米饭,这家店选用的糯米特别正宗。地址是在清迈劳动小学的对面。营业时间为中午十二点到晚上九点。

详询电话:053-272493,084-608-4848

东京粥店

之所以称为粥店,是因为这里卖粥。但事实上,这家有着几十年历史的小店,除了卖粥,也卖米粉和港式面条,这在清迈可是独一家。这家店的地址是在泰国商业银行昌坎分行对面的巷子里。

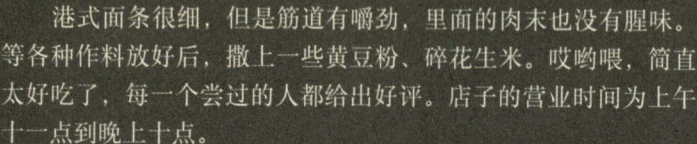

港式面条很细,但是筋道有嚼劲,里面的肉末也没有腥味。等各种作料放好后,撒上一些黄豆粉、碎花生米。哎哟喂,简直太好吃了,每一个尝过的人都给出好评。店子的营业时间为上午十一点到晚上十点。

详询电话:081-530-7978

曾经的阳光路电影院

如果您去莱巴莎路附近，您会在阳光十字路口看到有一幅大型广告牌挂在一幢旧建筑物的正面。这座建筑物就是曾经的阳光电影院。

只有很少的人知道，被这些广告覆盖着的，是一幅大型浮雕，讲述曾经清迈人的生活，包括制作高脚托盘、雕刻艺术、使用大象运输木材和素贴山上的文物等等。

这些浮雕曾经是电影院的门面，也是一代人的记忆。曾经的人们，特别是20世纪七八十年代出生的人们，电影院对他们来说是印象中最漂亮最富丽堂皇的地方了。

所以我觉得大家可以把这里照下来留做纪念，因为谁也不知道以后这里会变成什么，会被什么新的东西所替代。

鹊肾树下的牛肉串店

　　这家烤牛肉串店开在人行道旁边的鹊肾树下，在纳艮路通往昌坎的十字路口附近。店面很小，只占了三平方米的样子。里面仅够摆放烧烤工具和三四个让顾客坐的矮凳子。

　　这家店子的老板娘肯姐对我说，她从父亲手中接下的这家店，已经开了八十多年了，从最开始的每串25分钱，到现在已经每串3泰铢了。

　　每天早上十点钟，烤炉上牛肉串的烟味和香味就已经飘出，把路过的车辆吸引了过来。还有一些老主顾，会让肯姐烤好肉，放在好吃的蘸碟里，再撒上一些用豆子磨成的粉，咬下去肉香混合着丝丝甜味。肯姐家的牛肉串生意火爆，最多下午一点就卖光了。读者们不妨来尝尝，现在这种真正的纯粹的路边小吃店也是很难得了。

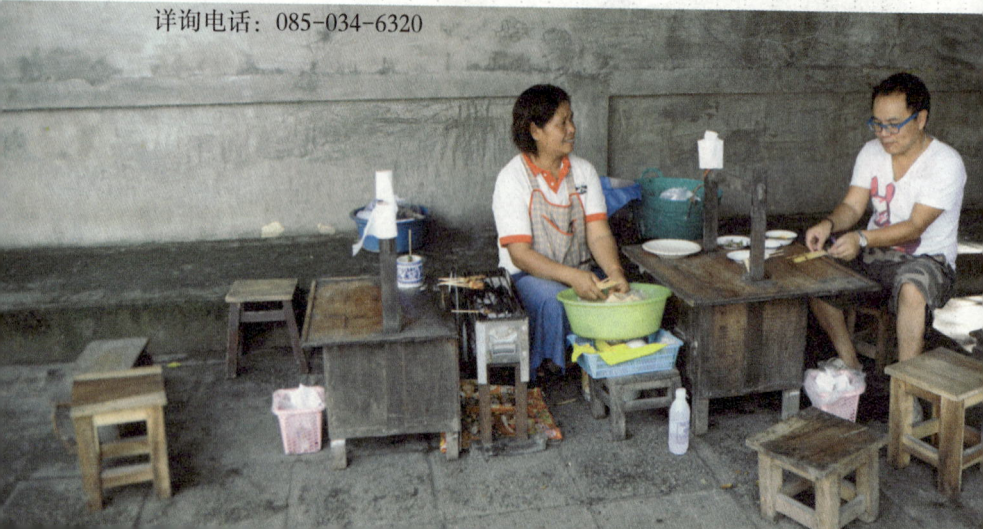

　　详询电话：085-034-6320

布维差阿姨餐厅

曾经的这片区域有很多杀猪场，杀猪场的老板们都喜欢在晚上杀猪，他们用很重的锤子敲打猪的头部，发出咚咚咚的声响。当猪被打后，会发出很凄惨的嚎叫声，直到最后慢慢死去。之后它们的肉被分解，然后卖往各个商家。

布维差（Buwacum）阿姨本是住在附近的村民，却在这里找到了一条做生意的门路。她开了一家餐厅，以杀猪场里的各种新鲜猪肉制品为原料。比如辣肉末沙拉、洋葱血沙拉（在新鲜的猪血里加入洋葱，拌匀后食用）、烤肠、烤肉，还有很多半生不熟的泰北名菜。布维差（Buwacum）阿姨的店下午开门，一直营业到午夜，味道正宗，价格实惠。

详询电话：053-818589

曾经的清迈人,要想吃好吃的糕点,只有周末各种大餐厅的自助餐才有。而就在大概十年前,清迈出现了第一家好吃又实惠的糕点店。这家店从开业到现在,得到非常多顾客的好评。

这家店子的环境很平民化,店面就在路边,但是味道真的很好,简直是棒极了。不信就来亲自尝尝吧,猪肉排骨酱包、虾饺、烧麦都是这里的招牌,一定要尝尝。吃的时候可以配上一些油煎大蒜,蘸些特制酱料,简直是绝配。美食享受时间从早上十一点到晚上九点。

超赞的糕点

土城墙十字路口的永功面条店

我要介绍的这家面条店在土城墙十字路口旁,晚上七点钟才开门营业,一直到凌晨两点才关门。店里没用电灯,都是一支支蜡烛在照明,朦胧的烛光中颇有些烛光晚餐的味道。有一些小桌子和矮凳子供顾客使用。

不得不说这样的吃饭方式让顾客觉得很接地气,而且价格实惠。在这里,您可能会碰到路口车辆相撞,也可能会看到喝醉酒的外国人在路上和陪同的泰国女孩发生争吵。但这些就是真实的生活,您只有敞开心扉,才能感受到。

素日翁购书中心

可惜很多来清迈的游客都忽略了这家书店,大家不知道这里面有最齐全的兰纳书籍和清迈历史书。

这里停车很方便,书店的门口还有专门供人休息的长凳。附近还有咖啡厅和蛋糕店。午后闲暇时间,在这里看看书,也是不错的休闲方式。杂志区早上八点开门,大众区十点开门,到晚上八点。相信您一定会爱上这个地方的,在这里您变得更懂清迈了。

详询电话:053-281052

素日翁购书中心旁边的糕点店

　　如果您问清迈人,清迈哪家糕点店最好,我想大家给出的第一回答一定是素日翁(Suriwong)购书中心旁边的这家店。店里的店员都很用心做糕点,整个店面很整洁,食物看上去也很干净安全。

　　来购书中心买书的人们,路过这里总会抵不住店里大叔大妈们的热情招呼,随手买上些小东西,烤鱿鱼、烤肉丸、鲜橙汁,还有炸素菜和炸芋头。味道不错,价格也便宜,受到很多人的喜爱。

从素日翁购书中心出来，往左边方向走不久，就可以看到两家二手书店。一家店很大，另外一间店面很小，大概营业时间是早上十点到晚上八点。

　　如果您想感受当地人的生活，推荐您来这里淘上几本二手书，会不会稍显怪异？

　　想要了解清迈，就不能错过这两家店。一本本旧书里抖落灰尘，鼻子中满是旧书纸张的味道。这一切，都是有价值的回忆，您会发现您的清迈之旅与别人的大不同。

　　详询电话：053-208779

混乱的二手书店

118　清迈小时光

暹罗忠诚医院

从素日翁购书中心出来直行大概三十米，就会看见一套老式的白色建筑物，从外面的栅栏边望过去，有种阴森恐怖的感觉，像是有什么不好的东西等在前面。因为这里曾经是医院，叫做暹罗忠诚医院。

虽然现在这家医院已经关门了，但当时那代人的记忆绝不会忘。我想来到清迈不妨来这儿感受一下古老的气氛，很有可能这幢建筑不久之后也不存在了。

柴蒙格寺

这是清迈很著名的有着六百多年历史的寺庙,有一个很吉祥的寺庙名,在富裕路上,挨着克伦辣椒米粉店,离学校大概有2公里距离。

很多外地人和清迈当地人都来这个寺庙参拜,做功德,放生鱼苗、乌龟、鳝鱼、田螺、小鸟等,以驱邪避祸,求得好运。信徒们相信那些不好的东西,会随着寺庙东边的宾河流走。

在这里必须给各位游客推荐的是,各个佛堂的壁画和其他寺庙都不一样,因为当时的画家绘这些壁画,就是为了展现兰纳时代的传统文化、节日和泰北人民的生活方式,而这些,是和现代生活截然不同的。这些都是非常有意义的历史文物,所以,我才会特别推荐。放生小鱼和田螺,只需20泰铢。除了各种动物的放生活动,寺庙方还准备了各种做功德活动,供各位信徒选择。比如屋面瓦上施斋,向佛像上滴油等等,这些一般需要35泰铢的费用。

详询热线:053-820671

而我一定要介绍给大家的是，这座寺庙佛堂里的壁画在泰国是独一无二的，其他任何地方都没有。

　　因为这里的新时代兰纳风格的壁画，包括了兰纳人一年12个月的各种风俗习惯，新一代的雕刻家花了五年多的时间，才完成了整个寺庙的壁画雕刻。这里的壁画具有非常高的研究价值，特别对学生们作报告研究有很大帮助，体现了古老的兰纳人无穷的想象力和智慧。

这座寺庙原来叫做 Loi Ko 或 Roi Ko，建于 Kua Na 披耶时期，历经时光到如今，坐落于罗伊克（Loi Kroh）路，因其就像是外国游客的旅游中心，所以可以说是文化的奇迹。

不管怎样，罗伊克寺都算是一座有很多人来做功德消灾的寺庙，因为寺庙的名字就很吉祥。第一次来清迈，如果需要做功德，请到这座寺庙来吧，释放所有的悲伤，就像寺庙名一样，然后让幸运走进您的生活，只留下永远的幸福和成功。

详询热线：053-273873

罗伊克寺

140 年历史的古民居

　　这座历史悠久的古民居楼,在詹森纪念桥的旁边,历经风雨 140 多年了,是能反映浮码头历史的最好证明。通过码头,带动了清迈森林伐木业的繁荣。

　　现在的这座古民居已经很陈旧了,看上去有种历史的沧桑感,饱经风霜的它在一大片高楼大厦中显得独具魅力,这也让保护它们的志愿者组织通过举办参观活动,以让更多的人认识这幢古民居,从而能更好地保护它。如果您也想来参观,可以拨打联系电话 053-818340,这样您就不会被认为是非法进入了。

钢铁桥
（仿制新式大桥）

如果您喜欢看电影和电视剧，您会发现，那些在清迈的场景，很多都会在这座桥上取景。

曾经，这是一座仿造国外的新式大桥，这座桥的建成，让清迈的经济得到一次大复苏，是当时的交通要道。而现在，这座桥成为清迈的一大象征，外地游客和当地年轻人，都喜欢在这里照相。趁着夜晚昏暗的灯光，在桥下面的河边上散散步，乘乘凉。

尤其是和心爱的人手牵手，走在桥下昏暗的夜市里，抬头可以看见漫天明亮的繁星，不得不说是一次浪漫的约会，两个人的心不知不觉中靠得更近了。

大泰族市场

　　这是清迈一个很有民族风情的市场，这个市场在大型商场后面的富裕路1号巷里面。市场只有每周六才有，从早上七点到十二点。这里卖的有吃的、衣服、各种大泰族人自己制作的很多日用品等等。

　　这个巷子里原本居住的大多是华裔穆斯林等，但是后来很多大泰族和缅甸的男男女女来这里谋生，久而久之，大泰族的聚居地在这里形成，而且融合了中泰两族的文化，是清迈向世人显示的全新角度。

清真寺

　　这座清真寺已经有一百多年的历史，现在又进行了重新装修，但还是经常有很多老人来拜访这座寺庙。如果您希望感受清迈不同的文化氛围，不妨和大叔大妈们一起参观这个寺庙，也可以有更好的故事可以回去讲给朋友听呢。

　　详询电话：053-248505

龚昌寺

如果你去过昌坎镇的柴蒙格路，会看见在宾河宾馆里面，有一座精美的寺庙，这就是龚昌寺。

相传，这座寺庙始建于公元 1877 年。当时此地区的居民多是从龚昌等地迁入，来此以后修建了这座寺庙，并在附近群居。因此这座寺庙就被称作龚昌寺。

后来，来这里的人们富裕起来，很多人也从这个区域搬出去另外修建房屋。再后来，这里被开发，修建了宾馆，而刚好这座寺庙、教堂和白塔正好在宾馆的范围之内。

直到现在，龚昌寺里仍有很多值得被保护的历史遗迹。特别是它有一个既有中国韵味又带缅甸风格的精美大厅，修建于公元 1903 年，这也吸引了许多人慕名而来。

清迈城门—吴莱地区以清迈大门市场为中心，是一家历史非常悠久的古老市场。

　　市场里的人们一天到晚都很忙碌，生意会持续到傍晚。之后市场就暂时关闭，开始进行大扫除。到了晚上，市场两旁的路上也会排满各种小吃推车，生意火爆，以及很多卖衣服的小摊贩，价格便宜公道。还有不少米粉店、套饭店、鸡油饭店等等，顾客可以根据自己的爱好选择。

清迈城门—吴莱地区

清迈城门
清迈城门市场
粥店
市区
布里街
帅气街
去往吴莱
种植园医院
人民医院
浮码头宾馆
康迈寺
素攀寺
薄饼店
缇梅社区
模压佛像店
水牛饭店
影碟店
市场
艺术学院
鸡油饭
Natharam寺
海雅公墓
四平寺
文化中心
四平社区小巷
宾馆
冬荫功
汤店
机场
购物街
中央机场
北
西
南
用餐
购物
宗教
历史古迹
自然景观
推荐地
社区
休息区
出行
运动
你没见过的清迈

您一定会喜欢的市场氛围

大概凌晨四点钟,清迈大门市场的生意人就开始一天的生活了。商贩们摆好了摊,各家商店也陆续开门,各种辣椒酱被搬出去放在指定的摊位上。

各种肉类、辣椒酱被呈放在大瓷缸里,整齐地摆放在泰北商贩的前面。这里出售各种泰北特色菜,价格很便宜,从 10 泰铢起售,比如辣肉末沙拉、苦瓜辣汤、缅甸式汤菜、泰北式杂烩汤等等。有些店子里还有新鲜的炸猪肉,弥漫着猪肉的香味混合着各种新鲜香料的味道。您会听到炸肉的热油咕噜噜冒泡的声音,淹没在此起彼伏的商贩叫卖声中。

等到天色明亮起来,就是您可以(向僧侣)施斋的时候了。会有很多专门做施斋食物生意的女子,大声叫着喊您买她家的东西去施斋,这多少让人感觉有些奇怪。

到了中午,卖完东西的商贩准备收拾东西回家,只有那些会一直开门到下午甚至晚上的商店还在营业。这时的市场渐渐安静下来。有一家专门卖用来做功德放生所用的鱼苗、青蛙和田螺的小店,是我特别要介绍的。

这家店在市场的最外面,靠近人行道的位置,它的旁边有一家7-11超市,专门卖人们用来放生的鱼苗和各种小动物。这些小动物用塑料袋装好,里面装了水,以保证不会死。您可以买一袋直接拿去河边放生。

说起做功德，除了这家鱼苗店，市场里还有很多卖其他佛祭用品的。这其中的一个佛教用品店，除了平常的拜佛用品外，还卖价格便宜又实用的拜佛专用的化妆品、项链、装饰品等等，虽然只是些用来参拜神灵的仿制品，却不失其实用性。人们经常买来呈献给佛祖，以求得佛祖保佑，或者用来还愿使用。

　　夜晚的清迈大门市场，在道路两边有很多推手推车的流动商贩沿街叫卖。我要特别推荐的是蕉叶包糯米饭。糯米饭有各种不同馅儿的，叉烧猪肉、叉烧牛肉、红烧肉、猪肉丝，塞在糯米饭中，用蕉叶包好。想要什么口味就告诉老板拿给您，价格从20泰铢起，当然您也可以再多加其他的馅儿一起包在蕉叶里。老板会同时配一份蒸好的糯米包在一起。

　　离糯米饭小店几米远的地方，有一个买煎椰浆米粉糕的小店，香甜的气味吸引了很多顾客。

　　它的旁边还有一家豆浆店和油条店。油条炸得金黄金黄的，切成小块放着。一份10到20泰铢，买一份回去配着稀饭吃最好。这两家店的位置正好在市场后面的路边上。

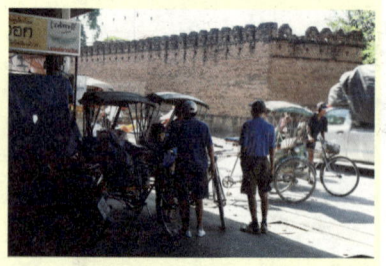

清迈大门粥店

很多人说起清迈的粥，第一想到的都是宝石粥店。其实，清迈的粥店有很多，清迈大门市场的这家就很不错，味道很正。

不喜欢喝粥，可以点一碗涮肉汤，里面放上肉片、粿汁，或者米饭，口味偏重。里面还可以加上素菜和鸡蛋，味道也不错，吃上一次就忘不了。

粥店营业时间是上午十点到下午五点，随时来都有吃的。

如果晚上想来感受夜色下市场的氛围，就需要选择天气好的日子。

咨询电话：053-232896

清迈城门 炸芋头

整个清迈，称得上好吃的炸芋头只有几家。其中一家多年老店，就是 Go 姐的这家店。店面在清迈大门市场，已经营业几十年了。

Go 姐家的芋头有着和别家完全不同的美味。秘诀在于芋头被炸得很脆，咬下去嘎吱嘎吱响。吃的时候再裹一些热乎的美味的特制蘸粉，那才是最棒的享受。但我自己却更喜欢炸豆腐，因为吃下去软软的。特别是才出锅的时候，还冒着热气，蘸上一些 Go 姐特制的黄豆粉，一口咬下去，鲜嫩的豆腐包裹着黄豆粉的香味充斥整个口腔，那种美味简直不提了。我想，你们也一定忍不住想来尝尝了吧。

Go 姐的芋头店共有三家分店。总店在清迈大门市场的对面，是从父辈传下来的。二分店在素尼勇路上，和吴莱路在同一条线上，在 Gom 市场旁边的医院附近。而三分店在王子月亮市场，在第 41 空军师部路上。三个店都是下午一点才开门营业，直到晚上八点。当然，如果哪天东西卖得特别快，就会早早关门。

详询电话：085-869-0234

星期六夜市

这条步行街原本是银器和漆器工艺制作一条街。现在，这条街在平常也还有至少五十家以上的银器店。

但到了星期六晚上，这里就成为了显示清迈风俗文化和各种工艺制品的地方，跟著名的星期天夜市一样的热闹。这里还有非常精致的手工艺制作表演、银器制作、民俗博览会等活动，道路两边有各种好吃的小吃摊。特别是那些星期天一早就必须返程的游客，前一天晚上来这里逛逛，也绝对是很值得的一次体验。

夜市开放时间是当天下午五点到晚上十点半。

南塔拉姆鸡油饭店

如果您想知道清迈哪家饭店的鸡油饭卖得最好，就该看看哪家到下午两点还没卖完或者还开门营业。那时候还在营业的，肯定味道一般，而早早关门收摊的，一定是因为好吃生意好。这家在整个清迈都很有名的南塔拉姆（Nantharam）鸡油饭店，更是生意火爆。这家店开了将近二十年，一共有五家分店。

我要介绍的这个店是味道最正宗的。它的老板茶琳阿姨，把美味的秘诀都使用在了秘制的浓烈的蘸酱和酥软的鸡肉里。

想要找到这家店，在吴林路尽头向左转进入巷子里，走上大概一百米就可以看见这家店了。店子每天早上六点半就开门，但下午两点之前绝对就卖完收摊了。

详询电话：089-632-4990

潘帝普商场

这里曾经是清迈的第一家大型购物中心所在地。三十年前，修了这个地方用以接纳独立电影院，把独立电影这个当时还很新潮的东西带进了人们的生活。但现在这里已经是一片破旧的景象了。

电影院已经被拆了，只留下了电影碟片店、饭店和供奉用品与模压佛像市场。

水牛饭店

要推荐的这个美食广场受到很多人的喜爱，尤其是学生。里面有很多饭店供您选择，可以是单点，也可以是套餐，味道都很不错，价格一般二十五泰铢起卖。如果您的饭量很大，可以点"水牛饭"或者工人餐。

如果您想全方位感受清迈人的日常生活，就不要在意这里太平常的环境。

影碟店

很幸运这家影碟店还保留着。这家店开了几十年，陪伴了清迈几代人的成长。里面卖的有电影碟片和老歌的 CD。在这里，您可以找到很多泰国北部民歌和乡村歌曲的 CD，能反映出清迈文化和平常生活。来这里一趟您一定不虚此行，该店营业时间为上午十点到晚上八点。

模压佛像店

这家佛像店很适合那些想融入清迈日常生活的游客们。这里还有一家很小的咖啡店，专门做传统咖啡，连盛咖啡的杯子都很古典。

顾客选好了佛像模型，就可以拿给雕刻师进行雕刻。这时候，可以去咖啡厅里点一杯咖啡，坐到角落里慢慢品尝，等待作品完成。也可以和雕刻师聊聊天，增进对佛像的了解。特别是下午三四点钟，开始起风，天气不那么热了，在这里享受一会儿悠闲的时光也是幸福的事情，根本没必要去那些昂贵的咖啡馆。

清迈地地区

说起清迈地,清迈人最先想到的就是清迈的第一个住房项目,被称之为大型游泳场事件,距现在已经几十年了。

白天的清迈地是商业中心,两边都是些写字楼、工厂、企业。从头到尾有1公里多长。

一到晚上,这里就成了一大旅游热点。卡拉OK、咖啡馆、酒吧、泰式按摩店等等一应俱全,满足了在这里的所有上班族的娱乐休闲。

这里白天夜晚截然不同的两种生活态度,让许多人,包括清迈当地人都对这里充满兴趣,是不容错过的好地方。

孟佛小学　富裕路
红茶馆
咖啡馆
← 去往阳光城
台湾养生食品馆
清迈地水果店
糖片
清迈地村庄
椰子寺
第五派出所
孟莱桥
地下通道
← 去机场
↓ 去往太阳林

北 / 西 / 东 / 南

🍴 用餐　🛍 购物　⛩ 宗教　🏛 历史古迹　🌳 自然景观
❤ 推荐地　👫 社区　🏠 休息区　🚲 出行　🔥 运动　UNSEEN 你没见过的清迈

140　清迈小时光

泰式小吃

　　这是一家店面很小的泰国宫廷小吃店。制作的时候严格地选择原材料，经过一层一层的挤压、压榨、熬制、搅拌等工序，最终做成美味的食物，再加入制作所用的秘方。秘方是店里的两夫妻研究出来的。原本他们居住在曼谷，因为忍受不了曼谷混乱迷茫的生活而来到清迈开了这家小店，一开就是十多年。

　　在太阳落山之后，不妨端上一杯茶，或者咖啡，或者果汁、芒果汁、香茅汁等等，配上一碟香甜软糯的糕点，静静享受时光。泰国的糕点种类太多啦，蒸糕、夹心蛋糕、椰蓉馅糍粑、软糕、扁豆、蕉叶糯米甜糕、芋头斗鱼等等。尤其是很多黏性糕点，现在已经很少有了。还有很多蛋类的点心，也不常见了，比如蛋黄球、蛋黄花和甜蛋丝这些。这里的点心不仅品种齐全，模样也是很好看的，看着就有食欲。最关键的是，它还不贵，一份仅要20至30泰铢。

　　该店早上八点开门，一直到下午六点。星期天不营业。
详询电话：053-204879，081-910-4464

清迈地水果店

如果您只是路过,可能会觉得这就是家普通的水果店。事实上这家店开门做生意十余年,靠的就是与众不同。每天,水果店老板穆易哥都会去批发市场挑选最新鲜的水果,不管是泰国本地水果,比如橙子、柚子、木瓜,还是进口水果,例如美国的葡萄和樱桃,只选择特级和优质水果让顾客购买。

除了水果,穆易哥的店子里还卖进口的小吃、牛奶、茶叶、咖啡等小东西,顾客们也可以随意选购。有时候您会觉得这里就像个小型水果超市,琳琅满目的商品看得人们眼花缭乱。

详询电话:053-2-51116,081-883-1102

养生首选　台湾食品

成排的小木屋中隐藏着既好吃又养生的中国台湾菜,还有著名的凤梨酥等糕点。各种糕点被好看的包装纸包裹着,不同颜色的包装代表不同的味道。粉红色是红枣味的,绿色是哈密瓜味的,黄色是菠萝味的。

还有一些造型像哆啦A梦一样可爱的点心,有一个可爱的名字叫做老婆饼。每个20泰铢。

店门外面卖得有台湾风味的豆浆,用一个黄色的袋子包装着,里面加入少许的糖,每袋5泰铢。这里还有美味营养的包子,有各种馅料,顾客可以随意选择猪肉馅、素菜馅、黑芝麻馅、黑豆馅等等。其中最值得推荐的就是红枣馅。每一个只要10泰铢。

全年营业无休,电话053-205158,还有在斋日专门针对老人家推出的免费品尝活动。

渔民海鲜烩炒店

该店坐落在进入清迈地的街尾处，在昌坎路的对面。这里有牡蛎、壳菜，闻到味道就想流口水，混合着辣椒等爆炒，成就了一份绝佳的海鲜烩。每晚这家店都会排起长龙，很快店里的东西就被一扫而空。

如果您不喜欢吃贝类，也可以选择各种菌类食物和其他的东西。比如烩鱼肚、虾仁炒饭、酸辣虾汤、蔬菜饼等等。这里还有套饭、酸辣虾汤，还有各种小炒和凉拌的菜品。吃完之后还可以选择一块美味点心，石榴饼、香蕉烙、红枣酥、甜瓜等，绝对让您吃个饱。

宾河东岸

　　这一区域位于清迈城的对面,隔着一条宾河,所以又被称为宾河东岸区域。以前有一座昆古拉木桥连接两岸,它的意思是外来之桥。

　　这座桥修建得很坚固很雄伟,是清迈的第一座大桥。它的设计者是一位国外设计师,名叫马林。由他设计并修建了这座大桥,以取代原来不牢固没有安全保障的竹筏桥。在桥的旁边,还修建了一座寺庙,纪念该桥的设计者。而后来为了接受从河的对岸运送的源源不断的货物,运输量增加,清迈修建了铁路。

　　再后来,这座木桥停止了使用,因为每年洪水季节这里都容易被水淹,木质桥身毁坏严重。政府重新修建了一座钢质结构的新桥,取名为月亮纪念桥,是以此桥的赞助者马德里先生逝去的妻子命名的。

　　此后,另外几座大桥相继修建完工,清迈到南邦的超级公路也建成通车。很多的富庶之物来到这座北部中心城市,现今这里应有尽有。而宾河东岸依然有很多美好的故事,等待着您的探访。

146 清迈小时光

宾河东岸
（从拱廊地区到王子学校）

来到宾河东岸这片区域，相信读者朋友们一定能在这里收获东西，并且了解许多古老的历史故事。

因为我将给大家呈现的，不光是当下的清迈现状，还有许多人们记忆中即将逝去的清迈。许多清迈本地人都不一定了解的东西，会在这本书中呈现，让大家了解一个最真实的清迈。而且，这里面的很多旅游景点都免费对外开放哟。

更阿拉姆寺

更阿拉姆（Gengalam）寺庙约建于公元1428年，正值三坊根王执政时期，三坊根王也就是迪罗拉王的父亲。

寺庙有着悠久的历史。然而对于这座寺庙而言，其最重要的东西就是朱拉玛尼宝塔，又称大金石。相传狗年出生的佛陀圆寂后会升入天堂，而普通人类是不能到达的。

建造这座宝塔是僧人们为了有个地方可以让人们膜拜朱拉玛尼佛陀，相传这座宝塔里供奉着斯塔他王子的顶髻，以及佛陀的牙齿。

除了朱拉玛尼宝塔之外，还有一处重要的地方，就是 Wat Ket Karam 博物馆，在过去的200多年里从不同的角度全面地研究兰纳王朝的历史。

洪贤兰纳文化传承中心

　　这里不仅仅是一个社区，更是一个为了不让兰纳文化消失，从兰纳人的历史、风俗习惯、智慧等方面进行系统学习兰纳文化的中心。

　　这里也是能真实触碰"兰纳精神"之地，不是看看之后就走的地方，因为这座洪贤兰纳文化传承中心是非营利性机构。

　　这里有专门给新生举办的通过智慧建设文化的活动，有时也是学长们表达自己的观点看法，或者是大家一起携手合作的活动，例如，从师傅那里学习和练习制作灯笼的手艺。

　　如果有哪位读者朋友对兰纳的故事感兴趣的话，应该先打电话咨询一下，因为有时候房主会去外地做活动而不在，所以建议打电话详细咨询：053-244231 或者是移动号码：085-330-6612，网址：http://www.lanna.wisdoms.com。

王子学校十字路口的步行街

如果您是一位喜欢淘旧物的朋友，包括木制品、手工艺品、佛牌、陈酿、古董家具、古书等等，相信这条步行街上的商贩们或是有物品出售的散客们一定会让您大开眼界，每个周六一大早他们就会把自己的商品拿到这条街的两边摆摊儿贩卖，大概能有两公里的样子。从早上8点一直开放到下午3点，让大家买去用来日常使用、装饰房屋，或者是自己留着作纪念品，说不定这次的清迈之行，您也会有一些好东西带回家呢。

三泰铢米粉店

现在想在清迈吃上一碗米粉，少说也要30泰铢，有些店里甚至40到50泰铢一碗。但就在这种市场形势下，布里亚纳家的米粉依旧只要3泰铢一碗，已经这样开了二十多年。

虽然只要3泰铢，但是一碗米粉里面的馅料十足。盛米粉的碗很小，差不多只有吃甜点的碗大，但是每碗里面有两颗肉丸或者两片肉，加入一把烫好的米粉，倒上秘制的高汤，一碗香喷喷的米粉就可以上桌了。虽然便宜，但不得不说味道那是棒极了。

一般情况下一个人要吃五碗才吃得饱，但就算这样也仅需要15泰铢而已。该店的顾客群体很多，各行各业的人都有。很多人来这里并不是为了节约钱，而是来怀念一种氛围和味道。

该店的地址在 Get 寺镇的纳多伞路上，距离兰纳智慧研究学校差不多100米。所在的巷子里有很明显的指示牌，每天早上八点半到下午五点半对外营业。店里除了米粉外，还卖绿茶等冰饮，每份也是3泰铢。而泰北特色米粉是15泰铢一份。

详询电话：084-040-3794

五泰铢米粉店

在清迈，还有另外一家价格便宜的米粉店，和3泰铢一碗的那家店在同一条路上，只是在另外一个巷子里。

曾经这家店也卖的是3泰铢一碗，但现在涨价到了5泰铢，但味道是没变的，还是那么好吃。如果您是在吃饭高峰期来这里，可能要排队等待了，因为这家店一共只有两个员工，而前来吃饭的人却很多，很多时候连店子外面都是端着碗吃的人，这都成了该店的一大特色。

该店营业时间是上午十点到下午三点。

详询电话：086-917-4395

王子学校旁巷子小吃大作战

别以为学校旁边的小吃很无趣，只是卖给孩子们的小玩意。如果您去王子学校旁走一圈，一定会改变这种看法，忍不住要跟孩子们争着买来吃。

尤其是那些对学生时代有回忆的人，曾经的美好记忆被唤起，一定已经在琳琅满目的小吃面前嘴角上扬，笑容洋溢，想起曾经学生时代的自己，也做过多少类似无聊却快乐的事情。

不管是炒方便面、糯米团、泰式烤肉、还是各种凉拌小吃、印度煎饼、棉花糖，每种都要做尝试。

每个人都藏着一颗童心，别失了童心，学会释放自己的童心吧。来到清迈，一定要像孩子一样做些无聊的趣事。王子学校旁的小吃街周一到周五营业，每天下午三点到六点。

阿顺大叔的烧烤肉丸

清迈的烤肉丸与其他地方最大的不同，同时也是让吃客很喜欢的一点就是，顾客可以随意根据自己的口味蘸配酱，多少随意。拿一根热腾腾的烤肉丸，蘸上自己喜欢的蘸酱，大口大口塞进口中，是谁也抵不住的美食诱惑。

曾经的孩子们渐渐长大，巷子里的阿顺大叔烤肉丸店依旧生意红火。一年四季，每周一到周五，从中午开始营业，地址在国际学校。每串仅需5泰铢。

电影院门口的泰式米粉店

　　这是一家新式的米粉店，地址在王子学校对面，最大特色就是整个店子都是复古装饰，连使用的各种餐具也是复古样式，这成为该店的一大卖点。这种复古风格已经成了这家旧电影院旁边的米粉店最成功的营销概念，该店的门口也用各种旧电影海报做装饰。

　　一进店门就感到复古风格扑面而来，各种老旧的物品成套摆放，可爱的香皂、老式的洗发水、朵根牌卫生巾、羽毛牌小袋装洗发水、青蛙牌电池等等，这些现代很难找到，很多早就停产了的东西，也是这家店的魅力之一。

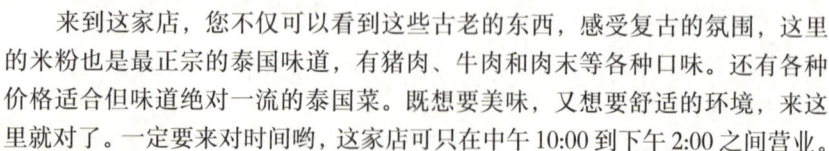

　　来到这家店，您不仅可以看到这些古老的东西，感受复古的氛围，这里的米粉也是最正宗的泰国味道，有猪肉、牛肉和肉末等各种口味。还有各种价格适合但味道绝对一流的泰国菜。既想要美味，又想要舒适的环境，来这里就对了。一定要来对时间哟，这家店可只在中午10:00到下午2:00之间营业。

　　更多信息请咨询：053-262905，053-306359

这是一家老饭店，保留着几百年前的传统兰纳建筑风格。里面的装饰很古典，很有艺术价值。

　　这里很适合带上外地朋友参观，坐在房屋中间的草席或椅子上，饱餐一顿清迈特色美食。黄昏时分，听好听的民歌对唱，晚上八点过，饭店还有很漂亮的兰纳特色舞蹈演出。

　　吃饱喝足之后，在饭店到处逛一圈，欣赏展出在店子里的各种古物，也是很赏心悦目的一件事。您会对这次旅行记忆深刻，不论什么时候再来清迈，一定都会想起它。

　　饭店地址在王子学校对面的巷子里。在巷口有饭店招牌作指引，从指示牌进入巷子再走200米就到了，该饭店全年营业，每天下午5:00到晚上11:00。

153

宾河区域，噶甘啦寺庙旁边

沿着宾河右岸路，穿过 Makornping 桥的十字路口，再往南，穿过噶甘啦寺庙，来到维塔桥，从 Kawila 营纪念碑下面来到 Phaya 酒店附近，这里是爱热闹的人们的天堂，到处都是饭店、酒馆、酒吧，工作人员、30 岁以上的成年人、全球各地的人，有着不同的信仰，却都聚集在这里，他们坐在宾河边上乘凉聊天，惬意生活。这里的每家店都有各自风格，其中最有名的两家是 Good View 和 River Side，或者您也可以根据自己的感觉选择其他店子。

河边电话咨询：053-246323，053-243239；

看风景咨询：053-241866，酒吧咨询：053-241665。

宾河东岸（火车站—城中心—伞巴坤—登镇—农合以地区）

  这一地区最重要的地方就是火车站。

  每当对自己的工作不顺心或者遇到某些问题时，一个解决问题的方法就是"一个人出去走走"。不妨选择在火车轨道两边的路上骑行吧，这一路上很安静，很少有人来。

  从火车站出发，可以一直走到沙拉不县。或者在傍晚的时候迎着夕阳一路骑行，再放上一首著名的清迈民歌《一起去玩吗》。

  但早上和傍晚的时候，一定要注意来往的火车和乘客，正是客流的高峰期。这一路上可以看到许多人家，观察路两边的人们悠闲的生活，一直到沙拉不县。

在清迈，很多炸香蕉和炸芋头的店里，顾客买的时候还必须取号一个一个排队才行。我现在要介绍的这家炸香蕉店就是必须拿号排队的。

如果您在中午时分经过这里，会看到很多正拿着号等待的人们。这些人愿意等很长的时间，就为了买一份炸香蕉或者炸芋头。之所以这样，当然是因为这家店的味道太诱人。炸东西使用的油换得很勤，绝对不会用老油反复炸。这也是这家店几十年来深受清迈人民喜爱的最大原因。

地址在 Gavila 集团的路上，通往伞巴永市场。每天上午九点开门，一直营业到下午五点。店子里的东西总是卖得特别快，不到下班就没有了。

详询电话：053-24099

炸香蕉

凉茶店

在清迈，能喝到既新鲜又味道好的凉茶是很不容易的。而这家在伞巴永市场里的凉茶店就是其中之一。它的旁边是一家二手服装店。

凉茶这个东西，就是越热的时候来喝，越能找到感觉。特别是每年热季快到宋干节的时候，大中午冒着大太阳过来喝一碗，才叫一个爽。凉茶里面有多种清热去火的药物，这家店的老板，几十年如一日地精心准备着。在这里，您会看到很多老主顾拿着自己的杯子买一份凉茶拿回家再喝。

该店除了有凉茶，还有菊花茶、灵芝茶、荷叶茶，每种茶都对身体有益。当然，您站在市场中间，捧着一杯凉茶慢慢品尝，可能是件很多人都没有尝试过的稍显奇怪的事情。

维古帕里包子店

这家包子店有着 70 多年历史，开在清迈很中心的地段，离伞巴可十字路口很近。相信没有哪个清迈人不喜欢这家店的。

特别是包子店热心老板娘的笑容，很让人暖心。他们家的包子馅料保证百分百正宗，绝不弄虚作假，不管是肉馅的、豆沙馅的、蛋黄馅的，那都是配料正宗，个大馅足，包您满意。

每次来买包子时，总是习惯性再买些他家的烧卖，味道很好。

小包子 12 泰铢一个，大包子 25 泰铢一个。
烧卖 5 个 20 泰铢，粽子每个 25 泰铢。
还有很多其他小点心。
营业时间：上午 8:00 到下午 3:30
电话：053-241930

卡维拉王纪念碑

卡维拉（Kawila）王是清迈人民非常敬重的东方之王。他在对缅甸的保卫战中取得了胜利，让清迈人民重获自由，改变了他们长期沦为缅甸奴隶的命运。

这座纪念碑建在清迈—南奔路上，就在Kawila营地的对面，是个可以放松心情的公园，可以在里面安静地闲坐，看看河边美景，任微风吹过来，拿笔记录下这一时刻的美好，也比去那些华而不实的咖啡厅好。简简单单，最能获得心灵真实的快乐感。公园从上午6:00到下午6:00，十二小时对外开放。

每到洪汛期，宾河的水位上涨，淹没了两岸的河堤，这时候，整片区域就像海边一般，您不妨搭把小凳子在河边，感受那种宽广的气氛，心里不知不觉就轻松了。

清迈—南奔路

这条路是清迈很漂亮的一条路。路的两旁种满了高大的橡胶树。路的前端有一座小桥,而在路的尽头是一座信奉伊斯兰教的信徒们的墓园。

当来到 Nonhoyii 十字路口时,会发现橡胶树渐渐地没有了,这里已经是清迈府最边上的一个县城,过了之后就进入南奔府境内,两边的橡胶树也变成了小叶子的树木,让人们一眼就明白已经到了另一个府内。

每年凉季的早晨,这条路是最漂亮的,路上铺满了从树上掉下的落叶。政府会对这些树木采取一定的保护措施,树根部的树干上用厚厚的布条缠绕,以让它们能够更好地度过寒冬。

特色家园墓园街

在旅游书中专门介绍基督徒的墓园，可能显得有些奇怪。这座被清迈人称作"欧洲墓园"的地方，就在清迈—南奔路上，在美好家园电厂的旁边。

这座墓园整个建筑风格都是欧式的，很漂亮。墓园在茂盛树木的遮掩下显得庄重严肃。在离墓园不远的地方有卖护身符的小店，还有南方食品饭馆。这里的宗教氛围不浓，大家可以很泰式地相处。

选一个天气凉爽、天空灰暗、云层厚的日子，来这里照照相，该是绝对不一样的人生体验吧。

美好家园电厂旁边的旧楼

　　这幢楼是曾经的电厂，就在现在的美好家园电厂的旁边，属于纯东方建筑风格，以纯白色为主。

　　站在这座楼前面，慢慢往里走，会不自觉地想起它的过去，曾经在这幢楼里也一定发生过许多故事，它也有过辉煌的成绩。这一切，都是值得被发现的美丽。虽然现在来到这里，已经看不到它曾经带给人们的价值了，但在这里照照相也是不错的。

161

通往孟佛小学的桥

您有想过一个人站在桥上或者和心爱的人一起站在桥上看宾河的风景吗?

凉季的时候,河风吹拂在脸上,还有些刺痛感。桥下的河面上,许许多多的河灯顺着流水漂向远方。

不远处,就可以听到从宾河旁的旅游景点和各家饭馆飘过来的歌声,有种浪漫的情怀。您会觉得全世界就只有自己一个人,谁也不会来打扰。

一大早,这座桥上会有许多送孩子上学的家长。这些孩子大多就是居住在附近的居民。这座桥就是连接孩子和学校的纽带。下午放学后,家长们又过来接孩子回家。而到了晚上,这座桥就变得黑暗而安静。

而事实上,这里也是值得游客去探访的一番景象。想必除了清迈,其余任何地方,您再也见不到这番景致了吧。

白天您如果想找一个安静的地方看风景,来这里吧。但如果是晚上来,就要注意安全了,最好是结伴而来,而且不要超过晚上八点。这附近都没人居住,又没有灯光,所以必须注意某些不怀好意的陌生人。

一个在萨拉地区传承下来的灯笼制作基地，位于清迈客运站三岔路口旁边的巷子里。这里的每家每户都在制作灯笼，这些都是古老兰纳文化的传承。诚邀朋友们去当地走访探究，从灯笼的制作了解灿烂的兰纳文化。灯笼每只售价30泰铢。从早上6点一直开放到深夜。

灯笼制作基地

孟莱竹筒糯米饭

　　清迈有名的竹筒糯米饭店，位于皇家医院这边，几十年来店里只卖竹筒糯米饭这一样食物，一年四季每天都烧着新鲜美味的竹筒糯米饭。

　　一直都是传统的配方，用心做出来的美味。糯米不会太黏，火候刚刚好，从竹筒里剥下来不会粘在竹筒上。和长辈一起出来旅游的朋友们一定要带着爸爸妈妈过来尝尝味道。孟莱竹筒糯米饭，相信一定会符合您的心意。

　　详询热线：053-282605，053-800877

Gream Cups Cafe

在护城河东面的蝴蝶脊区域的路上，离蝴蝶脊别墅向南大约一公里处，在到达寺庙和卡召市场前面一点的地方，也就是卡召的中心地带，有一家非常好吃的日本蛋糕店，店主十分的可爱、善良。

如果读者朋友们想在慢节奏的环境里找一家新的蛋糕店，就可以顺道过来坐坐或是吃点可口的蛋糕，身心放松地享受愉悦的时光。

店铺营业时间：9:00—20:00

详询热线：085-528-8167，084-484-5719

清迈大学后面的花园区域

如果您问在清迈,什么地方总有熙熙攘攘的游人。我想,其中一个答案就会是花园。因为这个片区里不仅有人民医院、清迈大学、市场,还紧挨着著名的宁曼路。每天的上下班时间,这里还会堵车。

在这里,有很多值得用心去感受的东西,关于历史、文化、潮流等等。各位游客千万不要错过了。

站在清迈大学后面的路上,凉季的下午,太阳刚刚下山,山上的蓄水池上笼罩着一层水雾,习习的凉风不时拂过。

站在这里往下看,可以看到整个清迈的景色。这是一种温暖、可爱又浪漫的体验。这也是很多电影拍摄都选择来这里取景的原因之一。您会发现,这个城市的细微幸福无处不在。

167

松德寺

当说起松德寺——也叫做三等皇家花园寺庙时,会发现其名气并不输于帕辛寺和柴迪龙寺,也是游客们喜欢去游览的著名寺庙之一。

这座寺庙历史悠久,可追溯至公元1371年,由孟莱王朝6世库纳王(King Kue Na)下令把原本是花园的这个地方扩建为寺庙,所以这座寺庙又被称作"花园寺"。这座寺庙里供奉着很多重要佛物,比如:安置高德王的佛台、北方王的骨灰棺木、达纳纳萨米王妃的骨灰等。

详询热线:053-278304,053-278967

乌孟寺

这座寺庙就在乌蒙巷子深处，里面非常的安静、阴凉，还有着大自然般的美丽环境。里面有枝繁叶茂的树木、大大的水池和佛法场。

让这座寺庙和其他寺庙显得与众不同，且更具特色的原因是其用于僧侣修行的隧道，是清迈人民的宝贵财富，由库纳王 Kue Na Thammikarat 所建，目的是为了用于僧侣们修行、冥想。这使得这座寺庙非常吸引人，不断地吸引着清迈当地人、游客以及外地的人们前来打坐冥想。

让木彭寺

让木彭寺（Wat Ram Poeng）寺庙修建于清莱大帝孟莱王执政时期，目的是为了供奉佛牙。

后来这座寺庙遭到多次遗弃，特别是在第二次世界大战期间，这里被日本侵略者毁坏得所剩无几。

直到公元1969年，在当地人们的努力下才将此寺庙重新修葺完善起来，并邀请僧侣们到此修行，后来就不断发展变成了观禅寺。这座寺庙是泰国四大有名的毗钵舍那修行寺庙之一，一整年都有泰国人和世界各地的人到这里打坐修行。

详询热线：053-810197；入庙修行事宜：（男性）拨打053-279620转16，（女性）拨打053-278620。

工作时间：7:00—17:00，网址：www.watrampoeng.com。

这个历史悠久的大市场坐落于清迈大学后方和花园区域的中间，是一个全天开放的市场。一大早这里就开始出售新鲜的食物和生活用品。傍晚的时候市场里面会关闭，然后把市场外面的夜市区域变成为用餐区，为晚间上课的学生和晚间上班的人们提供食物。

坦帕永市场

清迈大学后面的夜市

在品尝了大家推荐的清迈餐厅之后，您可以来清迈大学后面的路边摊换换口味。

坐下吃一吃米粉、稀饭、泰式炒河粉、蛤蜊煎、辣椒酱、糯米饭、煎蛋等等。还有很多其他美食您也能在这里找到，不管是推车卖的、遮阳棚里卖的，各种从小铺面到大铺面卖的小贩在路的两旁排起了长长的队伍，成了这里最吸引人的地方之一。

填饱了肚子也别忘了去看一看人行道旁的二手商品，这些价格低廉的商品都是学生出售的，您还可以挑选一些时尚的衣服或者是买一些小玩意儿，这里的价格一定会比其他地方便宜。

金剪刀巷子里的日本蛋糕店

　　这间小小的蛋糕店非常受人们喜爱，位置就在进入"Kadsuankaew 购物中心"后面的金剪刀巷子里。店里的日本蛋糕每天都是现做的，特别是奶油泡芙，只需轻轻咬一口外面的表皮，就能咬到里面的奶油，真的是超级美味，使人吃了之后欲罢不能。但是一定要在早上10点到晚上8点的这个时间段来吃，其余时间是不营业的。
　　详询热线：053-810197, 061-847-874

宁曼路

　　这条路连接着坦帕永（Ton Payom）市场的三岔路口，路上的巷子有17条之多，是饭店、咖啡店、时装店、美术馆、蛋糕店、面包房等各种休闲娱乐场所的聚集地。到了晚上，这里的店各具特色，别致的、高档的、前卫的以及冷清的，从外地来的游客总会选择一间符合自己风格的店坐坐。

　　相信各种书籍、杂志、电台节目、电视节目都差不多把这条街上的所有的店都介绍过了，所以我们就特别推荐了几家非常值得去光顾的店，相信您一定会喜欢。 
　　详询热线：089-173-1933

IMPRESSO 吧

简约而又舒适的咖啡店，能使人感到非常地身心放松，就像置身于大自然一样有趣。店主的名字叫做 Nea，有着当下清迈流行的热门发型，且醉心于咖啡。店里的拿铁在清迈咖啡店流行起来之前的很长一段时间就有了。有空可以顺便过来坐坐，相信您在这里所收获的绝不仅仅是一杯咖啡而已。

ソセジカレーライス

PaPa Curry 餐厅

　　超级美味的日式汤咖喱饭来啦，主厨专门到日本学习过料理，并且把日本传统做法经过改良加工，做成符合泰国人口味的料理。不管是咖喱猪肉饭还是咖喱牛肉饭都是如此。

　　白天的时候，他就在 IMPRESSO 吧里休息，到晚上的时候就开始出来做咖喱，香气四溢的咖喱味和咖啡味飘满了整个屋子，让站着排队等候的客人们都把持不住啦。

　　IMPRESSO 吧和 PaPa Curry 咖啡店其实是一家店，在 11 号巷子里，白天从早上 10 点钟开始提供咖啡饮品，从天黑到晚上 10 点都开放，这里有超级美味的咖喱汤。

IMPRESSO 吧详询热线：086-730-2240
PaPa Curry 餐厅详询热线：082-620-4440

JunJun 杯子蛋糕

读者朋友们,尤其是喜欢吃蛋糕,但是又不想一个人吃大大的蛋糕的女孩,欢迎来到舒适温馨的 JunJun 蛋糕店品尝好吃又小巧的杯子蛋糕。店主是一位个子小小的女孩,一大早就来店里做美味的蛋糕点心。店里除了杯子蛋糕以外还有各种手工艺品摆件,都是纯手工制作、独一无二的精品,可爱又精致,千万别告诉其他人哟。

JunJun 杯子蛋糕店地址在 17 号巷。

营业时间 10:00—20:00。

夜恒镇

　　夜恒镇离清迈城区很近，从清迈大学的后门街道起，到灌溉路，一直到沙明十字路口。这个镇上有多处旅游景点，不管是值得推荐的胜地，还是好玩的娱乐景点，抑或街道两旁琳琅满目的小吃店。在每年的七月，夜恒镇的人民会举行一个在这里盛行多年，却听着让人毛骨悚然的节日，养鬼节。根据当地人的这个传统，还修建了不少寺庙。

图例

- 🍴 用餐
- 🛍 购物
- 🔔 宗教
- 🏛 历史古迹
- 🌳 自然景观
- ❤ 推荐地
- 👥 社区
- ⛩ 休息区
- 🚲 出行
- 🏃 运动
- UNSEEN 你没见过的清迈

地点标注

- 去往清迈大学后门
- 清迈大学图书馆
- 龙眼树市场十字路口
- 龙眼树市场
- 咖啡种子厨房
- 去往市区
- 烤鱼
- 麦普市区
- 麦浅市场
- 布莱克山寺
- 社区
- 桃园
- 清迈旅行社
- 去往国际机场
- 国际机场十字路口
- 去往市区
- 寺庙
- 去往皇家市场出口
- 布洛克市场（伞巴永县境内）
- 去往小庙山遗址（余通县境内）

方位：北 西 东 南

派塔多以坎寺

如果读者朋友们是驾车,或是走路经过 Maehia 附近,就会看见这座修建在山顶的寺庙,叫做 Suwanbanpot 寺,又称派塔多以坎(Phra That Doi Kam)寺。约建于公元 687 年,由 Chamadevi 王后的两个儿子主导修建的,目的是用来供奉佛陀的舍利。

但是这座寺庙后来一度被遗弃,直到公元 1981 年,在附近民众齐心协力之下才逐渐复兴起来。

大家可以登上派塔多以坎(Phra That Doi Kam)寺,站在高处俯瞰整个清迈城。这里有两条上山路线供大家选择,一条是沿着清迈皇家花园道路行驶,然后在皇家花园前面的环形路向右拐行驶上山;另一条是从湄普离阁村子后面的那条路上山,这两条路都能够领略城市近郊大自然的美好。

详询热线:053-263001

夜蒲利村庄

（清迈不为人所知的小村庄）

　　夜蒲利村庄是一个紧挨着大自然的，并且已超过100年历史的老村子。过去这里大概有70多户人家，居住在南部约2240平方米的土地上，离市区只有15公里的样子，其重要的宗教场所是"湄普离阁寺"。

　　前些年来的时候，这里仅仅是湄黑垭镇的一个小村庄，甚至连电灯都没有。后来政府的公共事业部门开始接手这里，现在这里已经被评为国家级自然公园，城里人和外国人来这里置地的也多了起来。

　　邀请读者朋友们来参观游玩路旁景点、森林、溪流以及城市周边村落的原因是为了让人们能够更好地珍惜这片土地。因为我们有职责呼吁大家保护这片净土，而不是让它被无知的人类破坏。

进入湄普离阁的巷子就在烤鱼店前面不远处，有指路牌写着"湄普离阁寺"，直行大约3公里就到了。

夜林县

　　如果读者朋友们朝着清迈北方开车的话,在清迈与范县之间的路途上,从清迈政府大楼出发大约10公里的位置就是夜林县。然后左转至国道1096夜林—夜沙蒙路,开到约35公里的位置就会看到公路两旁非常多的旅游景点,不管是诗丽吉皇后植物园、湄沙瀑布、猴子学校、养蛇农场、大象训练营、老虎保护区,还是蹦极基地您都可以找到。

图例	
🍴	用餐
👛	购物
🔔	宗教
📷	历史古迹
🌳	自然景观
❤️	推荐地
👫	社区
🏠	休息区
🚲	出行
🎳	运动
Unseen	你没见过的清迈

国际机场
去往杭东
山中浅坑
诗丽吉皇后植物园
大象训练营
夜沙瀑布
美丽中心
达莫瀑布
微笑咖啡店
康汶村博物馆
猴子训练中心
ATV
神僧
Hoay tung 蓄水池
吉他、卡拉OK、咖啡店
达拉皮罗寺
政务中心
夜林广场
入城
清迈—范县路
达拉皮罗宫博物馆
去往夜登县
妈妈做泥塑
爸爸种地

西
南 北
东

181

这个大型蓄水池，建在夜林县东更镇三组。整个水池面积有几十平方米，可储存多达一万四千多立方米的淡水。清迈人喜欢来这里休闲，吃农家小菜。这里还有玩水、钓鱼、踩已经有几十年历史的水车等活动。

这里还有一些不起眼的值得来游玩的地方。比如王的行宫、功莹王妃宫等，都在这座水库的西边。有些人会来这里祈福许愿，竟然有愿望成真的。

您可以来这里放松心情，走走看看，感受夜林人们安逸的生活。在路上您会看到有到这里的指示牌，顺着指示走就可以到达。

Hoay tung 蓄水池
（知道怎么去往素贴山的很多人都知道去这里的路）

参观门票每人 20 泰铢，开放时间上午 7:00—下午 6:00

夜沙瀑布

这里是夜林县很出名的一处瀑布，吸引了国内外很多游人的光临。瀑布的高度有 280 米，从上到下一直分为 8 层。四周被各种树木围绕。环境清幽，一年四季空气清新，天气适宜。

帕达拉皮罗寺

　　这座寺庙的起源可以追溯到布曼普瑞塔都大师时期，他是一位从北方来的朝圣者，后来在卡让森林附近定居了下来，也就是现在的佛像供奉区域。

　　当地的人们看见后产生了敬仰之意，就一起建造了许多佛教建筑，后来这些事迹被清迈公主拉达卡姆知道了，就敬奉了一块地给布曼大师，布曼大师就在此基础上慢慢地建成了现在宁静的帕达拉皮罗（Wat Pa Dara Pirom）寺，寺庙周围都整齐地种上了美丽的植物，非常漂亮。让寺庙闻名于世的两样东西就是奉行和观法。

达拉皮罗宫博物馆

　　位于夜林县县中心的 Dararatsami 皇家花园里面，是拉玛六世国王授意公主敬献给拉玛五世国王作为下榻的一处行宫。

　　现在朱拉隆功大学方面就把此处行宫变成了博物馆，以向世人展示北部皇家王朝的历史，以及皇家使用过的器皿文物。当朋友们前去参观的时候，不仅仅可以看到这座精美的皇家建筑，还可以了解到更具历史价值的故事。

开放时间：周二至周日，9:00—17:00
门票：小孩 10 铢 / 人，成人 20 铢 / 人
僧人 / 学生免费，详询热线：053-299175

那些印象深刻的地方

　　除了已经介绍的各个地方的旅游景点,还有很多分布在清迈的景点没有一一介绍。不管是非常值得去坐坐的咖啡厅,或者是消遣放松的酒吧,还是在水边非常舒服的餐厅,甚至一些奇奇怪怪的地方,这叫做"地道清迈",许多人都没有去过这些地方。不管怎样,每个人看待事物都有自己的角度、想法,有自己喜欢的小地方,或者是有不同回忆的地方。下面向大家介绍的这些,都是保证你们去了就印象深刻到忘不了的地方。

趣味中心
（皇家贝壳养殖中心）

  这是一个新建的旅游景点，在夜林一撒孟路上。当您到了伯永村后，就会看见右手边有一个去往皇家贝壳项目的指示牌。
  这个地方 2009 年才开始对外开放，地势很高，有 1350 米的海拔，所以气候很宜人。这里有小商店，可以坐在里面喝喝咖啡。如果晚上要在这里过夜，中心可以提供帐篷或者小竹屋。竹屋的屋顶是用干草搭成的，里面还自带卫生间。这个地方的名气随着时间越来越大，很多游客都来这里休闲游玩，尤其在凉季的时候。因为离城不远，交通方便，景色秀美，这都是吸引游客的最大亮点，在这里的记忆将让您终生难忘。

素贴山上的观景台

在舍里卫差路的上面，是一条通往素贴山的路。这里有莲花园、Patad 寺、瀑布，已经算得上是一个很值得游玩的地方了。这还不够，还设了两三个专门的观景台。这才是旅行中绝不能错过的地方，从这些地方，可以清楚地一睹整个清迈城的壮美。

游客最常去参观游玩和拍照留念的地方就是视线能达到 5 千米远的一处观景台。来到这里，可以让您忘掉一切烦恼，只记得那风吹在身上舒适的感觉。(具体地图见 34 页)

玻璃水库

玻璃水库作为清迈大学的蓄水池，从清迈大学建校以来就一直存在。渐渐地，这片水库成为了一个旅游点，很多人喜欢来这里休闲。特别是大学里的年轻人，把这里当成了"爱情"的一角。

对于这里，很多人有着属于自己的记忆。第一个好友，第一次恋爱，第一位爱人，或者那些尽情享受阳光拥抱的午后，那些在草地上奔跑的身影，那些水边闲坐时愉快的交谈，都成为了美好的回忆，是一些能让心情变得温暖的存在。

魏功甘古城

这座城市是一座试点城市,由孟莱王于公元1286年下令修建。但是古城的地理位置并不好,因为这里总是连年遭受水患,尤其是在遭到一次大的水灾后,魏功甘古城开始不断地下陷。从公元1558年至1774年期间,就下陷了约1.5米至2米,很难再恢复到以前的面貌。

目前这座古城遗址还能呈现在我们眼前观赏的,大部分都是一些寺庙的遗迹。

读者朋友们可以在从早至晚的任何时间,选择不同的路线前来参观魏功甘古城遗迹,您可以开着车跟着指路牌慢慢地参观,或者选择把车停在Wat Chediliem寺(魏功甘古城资料文献研究中心)。然后乘坐收费但有导游讲解的观光车,或者是乘坐别有一番风味的马车也可以,收费也不贵。

详询热线:053-277322(见176页地图)

谭肯寺

这是一座既有本国游客,又有很多外国游客来参观的寺庙。这座寺庙经常作为广告、电影、电视剧场景出现在公众视野中。

因为和清迈其他寺庙相比,除了更美丽更特别之外,它仿佛一直停留在了曾经的某个时空。此外,这座古老的寺庙在历史研究方面也具有重要的价值。这座寺庙约建于公元1856年,在清迈皇帝噶维诺苏里执政时期,是非常重要的宗教场所,是兰纳唯一的一座十字亭,专门用于供奉佛祖的舍利,也许是因为环境好,所以一直能够保存至今。

如果您要徒步去参观这所寺庙,可以沿着运河走到Samerng十字路口,然后向左走大约100米,就能看到去往谭肯(Ton Kain)寺庙的指示牌:清迈府杭东县宏块镇4组,直接沿着路走进去就可以了(参考176页地图)。

派塔多以诺伊寺

派塔多以诺伊（Phra That Doi Noi）寺庙与众不同，且在清迈的寺庙中算是难找的一处。一眼望下去会看到各种园子、田、地和宾河，远在我们的视线之外，包括度假村主要的山脉。

除此之外，还有美丽的宗教建筑和与哈利普查时期的 Jamathaewee 公主同一时期的 1300 多年的古老佛龛区，公主也曾来此座圣庙里敬拜 Phra That 佛。因此，想邀请读者朋友们来这座寺庙祭拜古老的 Phra That 佛，并在神圣的 Jamathaewee 公主祠堂祈福。在此前已有人到祠堂内祈福关于爱情的事，之后得以如愿以偿。

从派塔多以诺伊（Phra That Doi Noi）庙出来，直达 Chomthong 线路 Inthanon 山顶，大约42公里，读者朋友可以看到自然景观路线 Kew Mae Pan，全长大约3公里。

徒步游览3公里多的路线，需要费时大约2~3小时，所以在出发之前到游客服务中心联系导游引路是必需的。路途中可以看到两种不同的景色就是常绿阔叶林和山脊上的草原，这是大自然在这个海拔2000米高的地方创造的神奇，就像哲学里让我们看到了两种不同的事物相互依存在一起……这里又是一处让您难忘的地方……（见 176 页地图）

纳通法博市场

　　这个市场位于清迈府的伞巴东县城里，距离县城有大概3公里的路程。这个市场很大，占地约20泰亩（1泰亩=1600平方公尺）。市场每周六才开放，从凌晨四点开始，一直到下午才结束。

　　这个市场看上去和普通市场差不多，但里面有它的广阔和不凡。在这里，您甚至可以看到卖活牛的商贩和卖摩托车的人。这里的东西种类齐全，包括了人们日常生活的方方面面。久而久之在这附近聚集了很多住户，所以这里也成为了研究清迈魅力所在的一个很有意义的地方。

巴生元步行街
（浮码头）

　　巴生元（Klang Wiang）是一条世界闻名的步行街，国内国外的游客都习惯性来这里逛逛，这个夜市只在每周星期天举行，从下午一直到晚上十一点左右，整条街都热闹非凡。如果正好赶上元旦节或者泰国新年宋干节，可能开放的时间更久一些，要到午夜之后街上才会恢复宁静。

在这个市场上卖的有很多当地特色商品，手工艺品、山区少数民族制品、纯手工制品、艺术品等等。除此之外，还有纪念衫、明信片、药酒、艺术表演等。这是一条让人迷恋的街道，很多人都表示自己深深爱着这个夜市。

特别是在这种喧闹的环境中，紧紧拉着另一半的手，感觉世界上只有彼此，也不失为一种浪漫情怀。这份感动与浪漫深深打动着彼此的心，这段旅程，也必将成为彼此心中永远鲜活的属于清迈的美好回忆。（见70页地图）

麦凯恩康复研究（医）院

这所麻风病研究院中间阴暗的欧洲建筑和老教堂，人们只要一听到它的名字就会遮面而逃，但实际上这中间藏着美丽的景色。

如果您愿意来看看，开着车在此处周围转悠，感受这些地方的"三元制衡"时期兰纳传播佛教的历史，您将改变以前对这里的印象。

因为这样的氛围，在泰国只此一处，是作者小时候来过后就觉得难忘的地方，所以想让读者朋友们一起来感受这美好之地。

清迈的一年四季，都有着各种各样与生活息息相关的传统节日。不管您哪个时候来，不管热浪袭人或者凉风阵阵，还是大雨纷飞、洪灾刚过，您都可以前来感受特别的节日氛围，在这里，您可以成为兰纳文化的一分子。

泰历新年

每年的这个时候，全国的人们，甚至很多外国游客，成千上万的人前往清迈，只为了庆祝泰国的传统新年宋干节，所有的人们在一起泼水狂欢，肆无忌惮。到时候在街边会搭上舞台，举行庆祝活动。这里成了人们疯狂泼水嬉戏的天堂。特别是年轻人们更是毫无顾忌，放下一切尽情玩耍。

泰历新年对于清迈人民的意义远大于其他地区。作为兰纳文化的发源地，兰纳文化和日常生活气息，在宋干节这三天展现得尤为突出。

宋干节的第一天被称为"万物流逝的一天"，它的意思是这一天标志着过去一年的结束，一切都是新的开始。而4月13日这个宋干节的第一天，又被称为"马哈宋干节"，古代的泰国人们认为，太阳从黄道星座中的双鱼宫转入牧羊宫的第一天就是新的一年的开始，当时的兰纳人民会在这一天洗衣服，沐浴，打扫房间。傍晚的时候会在寺庙周围举行游行活动，以净化心灵。

宋干节的第二天，也就是4月14号这一天是"新生日"，是泰国人民休息游玩的日子。这一天的凌晨，人们就会起床，去寺庙做功德，为佛像沐浴净身，以求平安。之后，年轻人们就会出去游玩，泼水嬉戏了。而家里的大人们相邀一起去市场购物，准备丰盛的食物，庆祝团圆。这一天，清迈人家里习惯做一些传统的汤菜，比如杭梗汤（一种缅甸式汤菜）、煮咸菜汤、（泰北式）杂烩汤等。家家户户还要制作咕噜饼和蕉叶尖锥糍粑等小吃。

宋干节的最后一天，4月15日，也被称为巴耶利日。一早，人们去寺庙拜佛做功德，为逝去的亲人们祈福，希望祖先保佑后人平安。之后他们会把准备好的树叉架在菩提树上，泰国人民相信这样能够保佑大家健康长寿。在下午的时候，几乎每个家庭都会有为长辈洒水的活动。小辈们把混有香味和鲜花瓣的清水慢慢洒入长辈的手中，并用吉祥祝福的话语表达对老人的尊敬，并向老人们祈求祝福。老人们高兴地接受这种祝福，并把自己对晚辈的祝愿表达出来。一家人其乐融融，非常开心。

清迈的宋干节是整个泰国最有魅力的，所有的人在一起尽情地欢乐、庆祝，而且还举行各种有意义有价值的活动。希望读者们下次来清迈旅游，一定不要错过这盛大的节日哟。

197

水灯节

水灯节是除宋干节外泰国另外一个非常重大的节日,而清迈的水灯节更是特别的盛大和漂亮。这时候,全国和全世界的游客都来到这里,共同感受无数孔明灯在空中飘舞的盛况。水灯节在每年泰历的2月15日。在兰纳的星算占卜学说中,水灯节被称为"yiben节",其中"yi"的意思为二, "ben"的意思是月圆

之夜。

所以"yiben"就是第二个月的月圆之夜的意思。现在的清迈人民，已经习惯把水灯节分为了2月14日和2月15日两天时间，两天里都有各种节日庆祝活动。

2月14日这一天是小水灯节。白天的时间，人们会装饰寺庙、房屋和门窗。

一到了晚上，人们在宾河边上放水灯，整个河面漂满了成千上万各色各样的水灯。人们用这种方式祈求河神的宽恕。当夜晚开始，河岸两边清风习习，一群群的年轻男女们拿着水灯，走在河边一块儿放入河中，看那属于彼此的水灯渐渐漂远。还有很多人一起放孔明灯，放烟花爆竹等。

而在各个景点，或者自家的房屋还有各处的寺庙，人们点上蜡烛用以供奉佛祖，也用放飞孔明灯的方式拜祭天神。

到了15日的夜里，就是大水灯节了。人们把制作好的精致有创意的大型水灯放在游行的花车上，他们一路开着美轮美奂的花车经过纪念大桥，来到浮码头大门。每年都会在这里举行花车评比和最美小姐的选美比赛。

前一天没有放水灯的人们，都一定要在今天放上一盏水灯，这水灯节的最后一个夜晚，会是留在每一个游人内心深处最美丽的回忆。

| 上山节 |

在六月礼佛节之前的 14 日夜晚举行的上山节是泰国另外一个大型节日。这一天，各地的信徒都怀着虔诚的心意，在吉祥路上聚集，游行队伍可长达 13 公里，这是一项有着 600 多年历史的节日活动。孟莱王朝女刹帝利 6 世时，把刹杜介大师的佛骨舍利放置于双龙寺中。人们为了向佛祖祈福和纪念吉祥路的修建者吉祥大师，而举行盛大的游行活动，慢慢成为了一个重大节日。

出夏节之前的养甲虫活动

在每年的入夏节期间，大量的鹿角甲虫的幼卵快速成长。这种甲虫的存活期很短，只在进入出夏节到冷气流来到之间的这段时间。这段时间里，以前的兰纳人民因此有了一项重要活动，那就是喂养和斗甲虫活动。您会发现，清迈的各个地方，都有专门贩卖甲虫的商人们。

不论在火车站旁边，医院旁边，还是学校旁，都是卖甲虫的人。但整个清迈，甲虫市场最火热的地方是在清迈皇家学院后门的十字路口。一只鹿角甲虫的价格从十泰铢到上万泰铢不等，全看参与斗甲虫比赛的赌徒把价定到多少。

当然作为作者，我并不是让读者们参与斗甲虫比赛，而是让大家了解从古老的兰纳人开始，人们就有遵循自然规律开展活动的做法。

养这种甲虫的时候，不需要用绳子把它们拴住，只需要把甲虫和甘蔗放在一起，它们尝到甘蔗的甜味自然就不飞了。一小截甘蔗够甲虫吃上一周了。

201

为了庆祝泰国人民的 3 件重要事情举办的第二次特别盛宴

· 2011 年泰国国王 84 岁生辰
· 2012 年泰国王后 80 岁生辰
· 2012 年泰国王子 60 岁生辰

在宴会上读者朋友将会看到了不起的重要活动：

1. 纪念会　分为3个区域，一类是皇室型，一类是佛礼型，一类是颂赞型。

2. 特殊的纪念展馆包括

皇室礼堂　用于举行皇室型纪念会，有84年之久；纪念园；Suanthai；室外昆虫园；药草园；莲花纪念馆；兰花纪念馆。

3. 室内展厅。

4. 用花朵、树木装饰，并布置各种园子。

来看 3 种宴会的亮点

1. 梦幻光明花园（Imagination Light Garden）可以观看到来自于太阳光、发光蝴蝶的成千上万的光点，与伴着音乐的舞蹈。

2. 巨型花卉摩天轮（Giant Flora Wheel）高40多米，可以看到整个宴会的全景和山上的冬景。

3. 儿童生态乐园（Kid's Eco Park）为了向青少年儿童宣传减缓全球变暖和爱护自然的思想，而开展的传播种植的展览和活动。

吉祥物

植物妹妹：成长；光明；开朗；充满力量；敢于思考；勇于行动；善于表达；是新一代保守派的代表；能从更好的方向看待传统自然资源；热爱农业；热爱世界；爱护环境。

土地大哥：强壮；热心；慷慨；把矿物质变成有用资源；是人类赖以生存的依靠。

清水哥哥：温柔；冷静；宽厚；带来清新的感觉；富饶；和土地大哥是知己；肩负着让植物茁壮成长的使命。

风仙女：勤奋；灵敏；爱玩闹；有趣；给人带来快乐；她们转动起来可以带来能量和电。

暖气：有一种火热的魅力；有领导力；能始终如一地按时照顾每一个人；给人类带来阳光的能量。

超赞的食物

泰语中的"lanmlanm"是方言,意为非常好吃,而清迈有太多好吃到爆的特色食物,能让游客们大饱口福。下面要介绍的这些,就是最著名的清迈特色美食,来到清迈一定不能错过的好东西。

米粉烤香肠 清迈的招牌美食 全城就两家

寻找米粉烤香肠的活动已经开展了五年了。这种烤香肠不仅游客们没听过,就连清迈本地人知道的也少之又少,更没吃过。但它的美味,是普通的烤肠所不能比拟的。现在在清迈,也只剩下两家店还卖有这种香肠。

第一家店在吴来路的红姐烤肠店里。这家店的店面很小,很多人就算经过也可能没注意。米粉烤香肠一斤80泰铢。
电话:080-124-0656

第二家店是继承了老一辈传下来的手艺,地址在皇家市场老子胡同的中国神庙旁边的小巷子里面。这家店依旧坚持只用一个炉子烤香肠,烤肠一份从20泰铢起。

在这里,您会觉得记忆中熟悉的味道又回来了。特别是天冷的时候,站在阳光下面吃上热腾腾的米粉烤肠,简直觉得香到心窝里了。
电话:053-200186

Tapat 大叔的糯米饭

（一种泰北地方食物，是最"正宗"最原始的老配方，连续超过 50 年，每天走 15 公里叫卖）

"Khao Khan Chim"或者"糯米饭"是按照泰国北部人们的称呼，"Khan"意思是揉，而"Chim"就是猪肉，另外用血和香茅揉捏在一起，再加一点盐防止血凝结成硬块，同时也可以除去腥味。

制作方法也只是先把饭拿去蒸熟后，拿去和刚刚用香茅腌制过的血一起混合，混合均匀后再加入烂肉搅拌均匀，然后用香蕉叶包好拿去蒸熟。

然而，配方最原始味道好且值得称赞的就是 Khun Tapat 的每包 10 泰铢热腾腾的 Khao Khan Chim，撒上炒香蒜，伴着红色的香炸辣椒粉和切成圆片的小黄瓜，吃起来就非常的可口。

现在，Tapat 先生已经是年近 66 岁的人，但他还是每天挑担到 Nong Hoi 区叫卖，一直走到伞甘亨县，每天都要走 15 公里的路，一直坚持了 50 多年。到晚上他还巡回受雇到"Sai Muang Sing"各食店唱歌。所以说 Tapat 先生算得上是"地方志"中的一名人物。如果想请 Tapat 先生到各种宴席唱歌，或者想尝尝可口的 Khao Khan Chim，可致电 081-235-9019。

清迈　米粉的城市

如果问外省人来清迈一定要吃的喜爱的食物，那就是"Khao Soi(泰北米粉)"。Suthasinee 米粉店的老板 Sawat Petch Thongkam 先生告诉我们，米线起源于乘着牛、马车从云南来的中国山区农民的饮食文化习惯。

当日行走的路途遥远，所以他们不得不把每顿吃剩的米饭做成一小块一小块的样子，然后经过日夜风吹日晒变干，用这样的方法来保存食物。

当要吃的时候就拿出来切碎，然后泡在肉汤里面，而肉汤则是用路途中得到的野味（鹿肉）食材做的。后来受到缅甸饮食文化的影响，而且其饮食文化涵括了印度和英国的影响，在肉汤里加入了辣汤作料，于是就成就了最初的"Khao Soi"。

因此，作者将清迈最受欢迎的 Khao Soi 店分类列出，让您知道每个店的 Khao Soi 口味有什么不同，以便于读者朋友根据自身的需求或方便来选择尝、吃还是看。

Khao Soi(泰北米粉)
清迈原始配方的 Khao Soi

一直以来人们都知道，Lam Duan 阿姨的 Khao Soi 非常好吃，其配方和做法源自到 Faharm 区 - Ket Karam 寺庙居住的中国山区农民，经过 70 多年的演变，逐渐形成了当地人喜爱的口味，特色是每天捣碎的新鲜酱汁。

店铺分支一　Faharm 区（Charoenrat 路）
电话：053-243519
店铺分支二　Khuangsingha 十字路口附近
电话：053-212798
店铺分支三　曼谷 Vibhavadi 巷 58
电话：0-2579-6403
营业时间：9:00—16:00

孟宏泰北米粉店

这是清迈的另外一家很好吃的泰北特色米粉店，地点在错那街上，离这个社区的派出所大概 100 米的位置。这家店的味道很正宗，口味重，是纯正的中国风味。特别是汤料里配上粽叶鸢尾时，味道更是极佳。这里还有自家腌制的，风味特别的腌荠菜。炒制的时候加上辣味十足的新鲜辣椒，两者相融，会发觉辣椒的辣味并不会太重，吃起来和凉拌腌菜的感觉差不多。

电话：081-530-1874

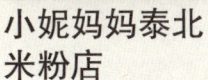

小妮妈妈泰北米粉店

不知道您有没有这个感觉，让朋友帮忙在小妮妈妈米粉店带回来的米粉，有一种与众不同的味蕾触感。猪耳朵米粉、排骨米粉、蟹肉米粉、肉松米粉，不管哪种味道都那么好吃。如果您不喜欢泰北米粉，也可以换成其他的，粉丝，方便面，或者米粉都可以。

地址：错那路错那巷 24 号，全年除开斋日，都会对外营业（营业时间早上 8:30—下午 3:30）

当然，很多时候中午东西就卖光了。

电话：053-218519，081-961-2236

黎明同心泰北特色米粉

清迈另外一家历史悠久的泰北米粉店。这里除了泰北米粉和烤猪肉串，还有很多正宗的泰北小吃，比如糯米饭、烤香肠、米粉加鸡蛋拌猪肉沙拉、缅甸式汤菜，价格便宜，绝对能让您饱餐一顿。

地点：富裕路 Faham 寺庙旁边

营业时间：早上 8:00—下午 5:00（每个月的最后一个星期三不营业）

电话：053-242928，081-764-8723

吉祥泰北米粉店

有很多人，甚至很多清迈人都不知道，这个城市里还有很多家好吃的泰北米粉店，这家吉祥泰北米粉店就是其中之一。

这家店又被简称为普恩哥米粉店，在侬或路的安全岛边上，去往清迈红色中心的方向。

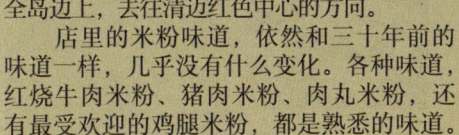

店里的米粉味道，依然和三十年前的味道一样，几乎没有什么变化。各种味道，红烧牛肉米粉、猪肉米粉、肉丸米粉，还有最受欢迎的鸡腿米粉，都是熟悉的味道。

最重要的是，它曾经被评为清迈最受欢迎的米粉店。店老板普恩大哥还把介绍他家店子的那本杂志放在了店门口最显眼的位置。

电话：053-140339

泰式米线

清迈人，把泰式米线（konm jin）叫做 konm shem（shem 是线条的意思）。因为米线就是一根根长长的亮白色的线条形状。绝大部分的米线店只有两种汤汁，鱼辣汤汁和稠汤汁。

用清莱生产的辣汤作料，会让米线的味道更好。如果再加入一些干木棉花熬汤，那味道又不一样了。

在这里，我要向您推荐几家泰式米线店，虽然名气不大，却价格便宜实惠。这些就是真实的清迈人生活的体现。

皇家市场泰式米线店

这家最受欢迎的米线店位于皇家市场，每天下午六点开门，一直营业到午夜。事实上，这里的米线店都应该被叫做龙眼树市场米线店才对。因为，每天晚上，几十家米线店的顾客排起长龙，都快排到龙眼树那边的人行道上了。这里的店铺都不用电灯，顾客和店老板都在昏暗的蜡烛光照下感受别样的烛光晚餐。这份晚餐可以既美味又便宜，每碗仅需 15 泰铢。

皇家市场底层泰式米线店

如果您在白天的时候去皇家市场，会发现在最底层的街边上，有一排几十家卖泰式米线的商贩。可以说，这里是整个清迈白天米线生意最火爆的地方。

伞巴永泰式米线店

穿着短裙短裤，时尚靓丽的年轻人从外面玩耍后回来，都习惯坐在这家小店里吃上一碗泰式米线。这家米线店很受年轻人的喜爱，店里有各种口味的米线，牛肉汤味、辣猪肉味，还有很多稠汤汁味的。有时候，大家喜欢点一份鱼辣汤米线配一枚煮鸡蛋。年轻人还喜欢买一袋炸猪皮作为零食，一袋不过 5 到 10 泰铢，咬在嘴里嘎吱嘎吱地响，又香又脆的。这一切，成为了一幅能证明清迈魅力的画面。这家位于伞巴永地区市场的泰式米线店，是一家您需要用心感受其魅力的店子，在这里您能感受这里的人们的生活气息，各种新旧事物混在一起，在不同的风格中进行融合，非常的泰国 style。

店面地址位于伞巴永市场的另外一边，每天凌晨 3:00 到下午 1:00 营业，下午 6:00 到晚上 12:00 营业，其余时间休息。

电话：089-192-3023

历史悠久的名小吃

在清迈方言中,"bagao"是古老的意思。除了泰北米粉、泰式米线这些传统的地方小吃外,还有很多真正属于百姓的小吃,是每家每户的美食文化传统,是老百姓传承古老生活方式的一部分,却已经不是人们所熟知的泰北美食了。

希望下面介绍的这些泰北小吃,能勾起各位读者的品尝欲望,让这些极棒的味道在更多的人们心中传承。

Korm 辣椒酱

Korm 辣椒酱是清迈的一大特色小吃,来清迈的人,几乎都会买炸猪皮,然后配上辣椒酱吃。这种辣椒酱中香辣的味道,是因为在辣椒中加入了葱、蒜和去了皮的西红柿。人们会用蕉叶包好腌鱼,放在火上烤制,到香味出来后,再加入辣椒酱中。这时候,美味的辣椒酱就做成了。

泰北香肠

这种香肠是最受游客喜爱的泰北小吃之一。香肠里面混合了猪肉末以及各种调味品。各种作料以特定的比例打碎之后加入肉末中搅拌均匀,再塞进香肠里,用绳子绑住两头。做好的香肠放到火炉上烤,不一会儿香肠的香味就会吸引一大群排队等候的好吃嘴。

骨头凉汤

这是一种用猪骨头熬制的凉汤。它的具体做法是,把猪骨头洗净,然后砍断成小块加水煮。先用清水小火慢炖一小时后,加入大蒜、辣椒、香菜和食盐,再炖一小会儿就可以出锅了。出锅之后,把做好的汤放入冰箱让其变凉,如果在天气凉快的时候,也可以放一晚让它自然变凉。之后在汤里撒入香菜,一份骨头凉汤就做好了。

泰北杂烩汤

在清迈的方言中,词语"ho"有和、在一起的意思。而这种杂烩汤,就是把各种吃食混在一起。传统的最常见的杂烩汤做法,是用缅甸式汤菜里面的猪肉,再加一些粉丝、竹笋、炒白菜、莲花白、豇豆、炒茅瓜、酸笋、茄子、苦橙叶、香茅、咖喱粉等。但是现在的杂烩汤,包括市面上卖的,都是新式改良之后的,那种传统的工艺复杂的汤,已经没有人卖了。

炸猪皮

这也是很受人喜爱的小吃之一。把猪皮切得厚厚的,然后放入油锅中炸至酥脆金黄。一般分为带油的和没油的两种。这个小吃在清迈的大街小巷随处可见,但如果您想买到质量上乘的炸猪皮,就需要去皇家市场。这里的市场贩卖各种地方特产。这里的炸猪皮质量好,存放时间长,是带回家做礼物的好选择。

泰式茶水(一种用可以咀嚼止咳的茶叶熬成的水)

在泰国,很多食物里都会加入茶水或者烟叶。人们用水蒸茶叶,再用文火熬制直至黏稠,之后就用器皿密封装好备用。做菜时,会在水中加入这种黏稠的茶水。再加入炒米面、虾酱、腌鱼、猪肉末等配料,一起翻炒直至香味出来,这份菜就算做成了,最后出锅的时候再加入大蒜和香菜提味即可。

缅甸式汤菜

这是一种从缅甸传过来的汤菜。古代从缅甸传到了泰国北部,并在这里被改良。它的汤汁像麻斯曼辣汤一样黏稠,一般在生鲜市场就可以买到。但是清迈人更喜欢自己做这个汤,特别是宋干节的时候会用它祭拜佛祖。

米粉拌猪肉

大家应该对米粉拌猪肉这个小吃很熟悉,特别是那种成条成块的米粉拌猪肉。而一直以来,清迈人所做的米粉拌猪肉,却要用蕉叶包好,放在炉子上,用炭火的余温轻轻地烤。或者把包好的米粉拌猪肉放入灶火中烤,等熟透后就变成了非常美味的烤米粉拌猪肉。

修身养性　闭眼好梦

很多次，旅途中的幸福不在于目的地，而是在旅途的过程中使自己感到幸福。因为自身的需求得到了满足，这里面还包括在您满意的场所休息并满足您的需要……请允许我介绍一些简单、舒适的住宿给您，让您的旅途充满欢笑和幸福。

备注：此文中所介绍的各家酒店价格、联系电话和相应的设施设备等，有可能在书出版时已经有所变化。

拉坤朋宾馆

如果您喜欢特别的、怀旧风格的住宿地，这里将是满意的选择。一夜仅需100泰铢，就可以睡个好觉，不妨来试试吧

　　酒店位置位于拉坤朋大桥的东侧，是一家有着70多年历史的酒店。曾经辉煌一时，现在前来住宿的人却不多了。

　　这所宾馆的价值在于宾馆内那种经过了时间洗礼的古旧氛围，与之对应的也必定是"住宿的不方便"。房间里只有风扇、老旧的纱窗、开关门噪音很大的木门、老旧的卫生间和一只痰盂。这也是通常很少会有人选择住这里的原因之一。不少人会选择到这里住宿，也是因为这是一种不一样的生活体验。

　　电话咨询：053-251169，053-232428

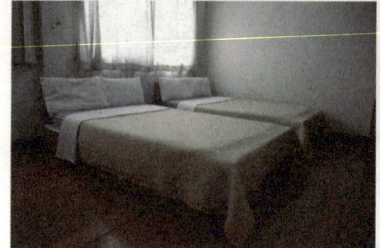

浮码头宾馆

这也是清迈的一家老宾馆了。地点在浮码头路,接近圣方寺十字路口的位置。

如果您是个喜欢历史,喜欢复古风格的人,这家宾馆一定合您心意。老板波哥是一个百事系列产品的狂热粉丝。他收集了许多百事曾经生产的产品来装饰宾馆,让这家宾馆很有自己的风格,成为清迈的一大特色。

莫以象镇浮码头路 164—166 号

房间价格从 350 泰铢起

电话:053-252790,053-234640

伞皮社别墅酒店

　　如果您想在住宿地感受滨河边静谧的环境,这家距离清迈城中心3公里的伞皮社别墅酒店,就是您放松心情、拥有自我空间、远离喧嚣的去处。
　　在这里,您还可以在有特别的新鲜体验。酒店自备了仿古游船,可以带您近距离感受宾河两岸的靓丽风景。您还可以在乘坐游船游玩之后,再让它停在商场旁边的码头,然后进去购物。您会发现,这次旅行,比任何一次都有意思。
清迈府清迈城区伞皮舍街7区220/9
酒店有大约50个房间,房价从1000泰铢起(只收现金,不能刷卡)

在这里,您会感兴趣的事情:
　　在这家别墅酒店所在的街上,距离酒店大概1公里,在卡万市场和寺庙之间,有很多小店。日式蛋糕店、冰激凌店、酒吧、咖啡馆等等。在购物逛街觉得劳累之后,不妨来这里的日式蛋糕店坐一会儿,品尝一下可口的蛋糕,放松放松心情,会觉得整个人都满足了。
　　这家店上午九点到晚上八点对外营业。

果康小屋
（兰纳风情别墅）

  在这里，您可以感受到浓郁的兰纳风情，这座别墅酒店的院子里有一棵40多年历史的大型橡胶树，当您坐在树荫下乘凉时，不自觉地就想起清迈的历史，想要找寻曾经的记忆。

  因为兰纳文化的影响，这座酒店的房间，都是按照兰纳风格和古老的泰式风格装饰的，给人一种历史悠久的纯泰国风情，让住在这里的人觉得自己像是生活在遥远的古代。

清迈府清迈城区巴丹街 117/2 号
电话：053-266550，053-266552，053-266555，053-245069
房间价格从 2000 泰铢起

| 阿拉小屋 |

　　这里是清迈最受欢迎的酒店之一。住宿价格很便宜，有着独具一格的建筑风格。装饰风格很简单，却是很用心的DIY设计。整个酒店的设计都非常独特，建筑者在设计上很用心。这样的付出，也让阿拉小屋成为清迈最温馨最有家的味道的酒店。很多人慕名而来，就为了能在这里睡上一觉。

　　清迈府清迈城区索舍沙路11号 伞迪堂寺庙巷
　　电话：053-223683, 086-516776, 053-215200
　　房间价格从300泰铢起

诺伊小屋
（愉快的住宿地　清迈的 guess house）

"花菜、金色卷心菜、珍贵凤仙花、花椰菜、马叔叔有猪、明阿姨有狗、阿迪叔叔有鸭子、丽阿姨有鸡。"

先别发懵，或者惊讶于这什么让人读不懂的东西。事实上，上面的这八种东西是这家旅馆的房间名字。这家旅店的房间布置全是 DIY 制作，有各种风格，虽然看看像是小玩意却是真心实意的。

这些艺术品有些做得很齐备，有些还没完善，但不管是谁都会不自觉地为此沉迷。许多居住在当地的清迈人，都时不时来此享受不一样的住宿氛围。

清迈府清迈直辖县耿都镇 4 号巷皇家贡献街 7/6

电话：084-611-9969

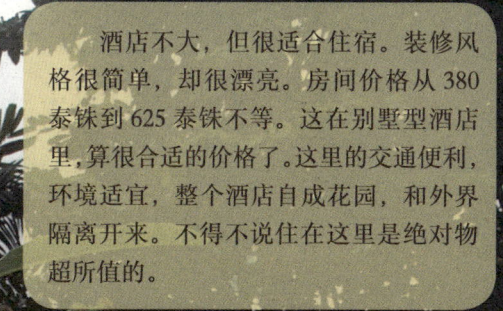

酒店不大，但很适合住宿。装修风格很简单，却很漂亮。房间价格从380泰铢到625泰铢不等。这在别墅型酒店里，算很合适的价格了。这里的交通便利，环境适宜，整个酒店自成花园，和外界隔离开来。不得不说住在这里是绝对物超所值的。

| nine place |

清迈府清迈城巴丹镇素贞街兰纳医院巷51号　电话：053-224288

阿克力索酒店

　　这个酒店整个占地面积有 7 平方泰亩，里面种满了各种大树，还修建了很多古代哥洛式风格的建筑，散布在酒店 71 个房间的周边。而这些房间，却是用传统泰式 - 兰纳建筑风格修建的。这两种不同风格的搭配，使整个酒店更加适宜居住，也更有了自己的风格，从而非常受游客们的欢迎，也许您也会是其中之一呢。

清迈府清迈城各度寺镇邦努萨街 100 号
电话：053-266550，053-266551，053-266552，
053-304487，053-266555
房间价格从 400 泰铢起

莫鲁姆酒店

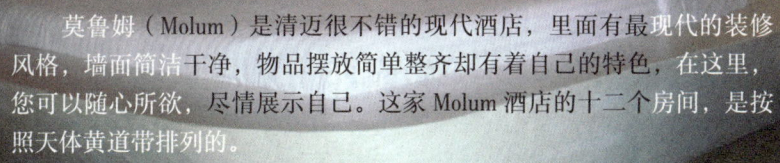

莫鲁姆（Molum）是清迈很不错的现代酒店，里面有最现代的装修风格，墙面简洁干净，物品摆放简单整齐却有着自己的特色，在这里，您可以随心所欲，尽情展示自己。这家 Molum 酒店的十二个房间，是按照天体黄道带排列的。

您会觉得这次的旅行非常特别，因为您住在属于自己的宫殿里，这是清迈任何别的酒店都不能做到的事情。

清迈府清迈城昌坎镇浮码头路浮码头巷 263 号附 1-2 号，挨着 7-11 超市。

电话：053-280894，053-280789，053-280894，053-280895

房间价格从 3200 泰铢起

清迈的拥抱

别墅型的酒店，风格简洁，华丽，而且温馨，一定能够符合每一个来这里住宿的游客心意。相信您住在这里，绝对会让您旅途中充满快乐，您能在这里真正地放松心情，做真实的自我。这里就是清迈的拥抱。

尤其在凉季的时候，这里的房间特别受欢迎。在这里，您可以欣赏天空中飘浮着大片大片的云朵，感觉自己置身于清迈城的怀抱中。这种美好的体验和有价值的记忆，只在清迈，只在清迈的拥抱。

清迈府清迈城普拉圣镇潘文寺庙旁边，紧挨着清迈大门消防站的巷子里。

房间价格从 1790 泰铢起

电话：053-280923，081-951-8875

传真：053-280923

网址：www.gordchiangmai.com

如果您希望住的地方离购物中心和机场都很近的话，这里是最好的选择。这家酒店距离机场仅需 5 分钟车程，所以下飞机后也不用急着去酒店登记。

这里不仅方便，而且环境优美。大片的树木让住在这里的人们有很好的乘凉地。整个酒店的装饰风格很现代，很有小资情调。这里的房间共有 16 间，价格从 1015 泰铢起。各个房间的内部设施也让住宿者觉得很舒适便捷。整个酒店都覆盖了无线网络，也是让来这里的旅客觉得很方便安逸的一件事。

清迈 - 福县路 209 号附 2 号，距离 Plaza 购物商场大概 500 米，商场的左手边有一条小巷子，这家酒店就在巷口。

电话：053-279517，053-279430

网址：www.3bchiangmai.com

西拉精品住宿加早餐酒店

尼森瑟酒店

听到这家酒店的名字时,可能有些人会怀疑这家酒店是否适合居住。因为很少有酒店使用古老的中文命名。同时,这家酒店还经营不动产典当和运输生意。

事实上,这家酒店很大,有超过 165 个房间,价格在 699 泰铢到 1199 泰铢之间。在这里,您可以看见很多带有宗教信仰的用具和装饰风格。在它的旁边还有一个小型的动物园,里面放养了一些鸭子、鹅、麻雀等小动物。它们自由自在地在这里生活,是这家酒店的一道可爱风景线。

清迈府清迈城昌坎镇伟朋路 79 号

电话:053-202016-7

传真:053-201645

224 清迈小时光

清迈旅游指南

自由工会　　清迈府 清迈城 素贴镇 仙贝路 素艮巷 11 号附 1 号
　　　　　　　电话 053-214924　　房间价格 70 泰铢起

北奔 house　　清迈府 清迈城 素贴镇 素贴路 吴蒙寺巷
　　　　　　　电话 081-993-9911　　房间价格 170 泰铢起

春朵 house　　清迈府 清迈城 素贴镇 春朵路 13 号
　　　　　　　电话 053-222249　　053-210111-3
　　　　　　　传真 053-211428　　房间价格 250 泰铢起

清康宾馆　　清迈府 清迈城 素贴镇 清康村 素贴路 35 号附 7 号
　　　　　　　电话 053-281016-9　053-278050　　传真 053-278809
　　　　　　　房间价格 250 泰铢起

塔纳瑟里 house　清迈府 清迈城 素贴镇 第一巷 宁曼路 16 号
　　　　　　　电话 053-215949　　传真 053-210449
　　　　　　　房间价格 250 泰铢起

新友谊酒店　　清迈府 清迈城 清迈城镇 政府路 94-96 号
　　　　　　　房间价格 330 泰铢起

高速公路酒店　清迈府 清迈城 农吧康镇 超级公路路（清迈—南邦）
　　　　　　　2 区 71-81 号　电话 053-116251　　传真 053-116258
　　　　　　　网址 www.highwayhotel9.com　　房间价格 333 泰铢起

Green place 宾馆　清迈府 清迈城 素贴镇 瑟里亡卡拉在路 70 号
　　　　　　　电话 053-894718-25　　传真 053-894721
　　　　　　　房间价格 400 泰铢起

Galato 咖啡宾馆　清迈府 清迈城 吉祥镇 萨哈萨利普棚路 248/70 号
　　　　　　　电话 053-287289　　传真 053-287298
　　　　　　　网址 www.galatochiangmai.com
　　　　　　　房间价格 495 泰铢起

瑟里纳 place　　　　　清迈府 清迈城 素贴镇 水渠路 156/100 号
　　　　　　　　　　电话 053-811622　　房间价格 450 泰铢起

Galee 酒店　　　　　 清迈府 清迈城 昌坎镇 昌坎镇 89 号附 2 号
　　　　　　　　　　电话 053-271496　053-820320　传真 053-818044
　　　　　　　　　　房间价格 500 泰铢起

泰式花纹宾馆　　　　 清迈府 清迈直辖县 昆山路 111 号附 4-5 号
　　　　　　　　　　电话 053-271725　053-206438　　房间价格 530 泰铢起

清迈 Athom 酒店　　　清迈府 清迈直辖县 白象镇 常肯路 2 区 29/23 号
　　　　　　　　　　电话 053-221555　081-950-0507
　　　　　　　　　　网址：www.athomchiangmai.com　　房间价格 550 泰铢起

Sinthanaresort 酒店　　清迈府 清迈直辖县 素贴街 14 组 165-166 号
　　　　　　　　　　电话 053-811590-3　　传真 053-811598
　　　　　　　　　　邮箱 sinthanaresort@yahoo.com　房间价格 590 泰铢起

清迈皇家兰花公园酒店　清迈府 清迈直辖县 白象镇 1-2 区
　　　　　　　　　　电话 053-122422　　传真 053-122086
　　　　　　　　　　房间价格 620 泰铢起

清迈 Chateau 酒店　　 清迈府 清迈直辖县 素贴镇 水利街 10 组 156/100
　　　　　　　　　　电话 053-811622　053-811600　　传真 053-811623
　　　　　　　　　　www.chateauchiangmai.com　　房间价格 650 泰铢起

清迈大学国际学院　　　清迈府 清迈直辖市 素贴镇 宁曼路 239 号
　　　　　　　　　　电话 053-942881-8　　传真 053-942890
　　　　　　　　　　房间价格 650 泰铢起

兰纳度假酒店　　　　 清迈府 清迈直辖县 巴东镇 清迈—南邦街 兰纳医院巷 1 号
　　　　　　　　　　电话 053-217785　053-210740　　传真 053-217749
　　　　　　　　　　房间价格 650 泰铢起

吉祥东京　　　　　　 清迈府 清迈直辖县 素贴镇 仙贝街 6 号
　　　　　　　　　　电话 053-211100-3　　传真 053-211102
　　　　　　　　　　房间价格 678 泰铢起

Sirinat 花园　　清迈府 清迈直辖县 素贴镇 灌溉渠街 sirinat156/53 号
电话 053-904904　　房间价格 690 泰铢起

清迈仙花园酒店　　清迈府 清迈直辖县 素贴镇 素贴街 8/1 号
电话 053-8-8993-7　　传真 053-808698
房间价格 700 泰铢起

清迈花儿 view　　清迈府 清迈直辖县 素贴镇 宁曼路 9 号 9 巷
电话 053-895575　　传真 053-808698
房间价格 700 泰铢起

清迈康山酒店　　清迈府 清迈直辖县 素贴镇 灌溉渠路 2 号
电话 053-211026-31　　传真 053-216421
房间价格 750 泰铢起

清迈 BP 酒店　　清迈府 清迈直辖县 纳差芒卡拉詹路 154 号
电话 053-211026-31　　传真 053-895568
房间价格 700 泰铢起

璀璨酒店　　清迈府 清迈直辖县 八旗路 3/9 号
电话 053-234567　　房间价格 760 泰铢起

清迈王子 hotel　　清迈府 清迈直辖县 莫以象镇 王宫尾路 3 号
电话 053-252025-31　　房间价格 800 泰铢起

清迈信息酒店　　清迈府 清迈直辖县 白象镇 清迈—南邦路 超级公路路 2 组 10/7 号
电话 053-400131-9　　房间价格 850 泰铢起

清迈象群村　　清迈府 清迈直辖县 莫以象镇 老莫以象路 50/2 号
电话 053-874302-5 053-235414-8　　房间价格 950 泰铢起

奈良宝石　　清迈府 清迈直辖县 爬象镇 斯里多凯路 99 号
电话 053-999555　　房间价格 950 泰铢起

莲花屋　　清迈府 清迈直辖县 素贴镇 仙贝路 21 号
电话 053-224333　　房间价格 975 泰铢起

首尔酒店城　　清迈府 清迈直辖县 普拉什镇 城中心十字路口 博高佛路 105 号
电话 053-814011-4　　房间价格 1000 泰铢起

227

彭拉昆小屋　　　　　清迈府 清迈直辖县 素贴镇 宁曼路 12 号 4 巷
　　　　　　　　　　电话 053-357641　　房间价格 1070 泰铢起

通鲁昂精品酒店　　　清迈府 清迈直辖县 海亚镇 花牛路 236/10 号
　　　　　　　　　　电话 053-277333 053-282251　　房间价格 1150 泰铢起

布里公路 house　　　 清迈府 清迈直辖县 Si phum 镇 皇家经营街 102 号
　　　　　　　　　　电话 053-416500-4　　房间价格 1170 泰铢起

清迈阿莫拉酒店　　　清迈府 清迈直辖县 莫以象镇 Chaiphum 街 22 号
　　　　　　　　　　电话 053-251531　　房间价格 1250 泰铢起

知道这些 旅行更安全

游客中心　　　　　　清迈府 清迈直辖县 耿都寺镇 清迈—南奔路 105/1 号
　　　　　　　　　　开放时间 8:30—16:30　　电话 053-248604 053-248607

公路派出所　　　　　清迈府 清迈直辖县 撒拉码头镇 清迈—南邦路 3 组 1/33
　　　　　　　　　　电话 053-240289 053-242441

清迈交通警察中心　　清迈府 清迈直辖县 莫以象镇 邮政路 28 号
　　　　　　　　　　电话 053-234051 053-252787

清迈旅游警署（旅游警署 3 支队 8 分队）
清迈府 清迈直辖县 黎明镇 百姓兴旺街 平安广场大楼 608
电话 053-247318 053-249806　　传真 053-247317　　紧急求助 1155

清迈城派出所　清迈府 清迈直辖县 普拉什镇 皇家经营街 169 号
电话 053-277477 053-276458

夜冰派出所　清迈府 清迈直辖县 农何以镇 清迈—南奔路 3 组 184 号
电话 053-275715 053-275704

白象派出所　清迈府 清迈直辖县 白象镇 萨达拉街 120/2 号
电话 053-218445 053-218443

终于来到这本清迈旅行日记的最后一页

相信能给可爱的读者们一份满意的答卷吧

至少

对已经去过清迈的 或者正准备去清迈旅游的人来说

都对清迈这座城市有了更多美好的感受吧

读过这本书之后

你们就一定能理解

为什么有那么多喜欢清迈、为清迈痴迷的人们

就像我说过的

这里是清迈 这里是我的家

我希望这座城市变得更受欢迎,更加美好

希望各位读者在阅读这本书的时候

心情愉悦,笑容绽放

期待与你们的下一次见面

格里萨·拉瑟丽

©Think Beyond Books, 2017
Simplified Chinese language translation rights arranged through Chengdu Tongzhou Culture Communication Co., Ltd.
版贸核渝字(2015)第110号

图书在版编目(CIP)数据

清迈小时光/(泰)格里萨·拉瑟丽著;李巧娅译.—重庆:重庆出版社,2017.7
ISBN 978-7-229-11258-5

Ⅰ.①清… Ⅱ.①格… ②李… Ⅲ.①旅游指南—泰国 Ⅳ.①K933.69

中国版本图书馆CIP数据核字(2016)第121950号

清迈小时光
QINGMAI XIAO SHIGUANG
[泰]格里萨·拉瑟丽 著 李巧娅 译

责任编辑:钟丽娟 曾 玉
责任校对:李小君
版式设计:刘沂鑫

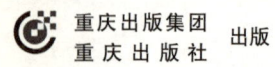

重庆出版集团 出版
重庆出版社

重庆市南岸区南滨路162号1幢 邮编:400061 http://www.cqph.com
重庆出版社艺术设计有限公司制版
自贡兴华印务有限公司印刷
重庆出版集团图书发行有限公司发行
E-MAIL:fxchu@cqph.com 邮购电话:023-61520646
全国新华书店经销

开本:880mm×1230mm 1/32 印张:7.75 字数:146千
2017年7月第1版 2017年7月第1次印刷
ISBN 978-7-229-11258-5
定价:35.00元

如有印装质量问题,请向本集团图书发行有限公司调换:023-61520678

版权所有 侵权必究